ORACIONES
DE EMERGENCIA

ORACIONES
DE EMERGENCIA

Ayuda de Dios para
momentos de crisis

Deborah Smith Pegues

PORTAVOZ

La misión de *Editorial Portavoz* consiste en proporcionar productos de calidad —con integridad y excelencia—, desde una perspectiva bíblica y confiable, que animen a las personas a conocer y servir a Jesucristo.

EDITORIAL PORTAVOZ
P.O. Box 2607
Grand Rapids, Michigan 49501 USA

Visítenos en: www.portavoz.com

ISBN 978-0-8254-1792-4

2 3 4 5 / 13 12 11 10

Impreso en los Estados Unidos de América
Printed in the United States of America

*Este libro de oraciones para momentos de crisis
está dedicado a todos los intercesores fieles
que siguen orando cuando sus familiares y amigos,
su país, sus iglesias y compañeros de trabajo, y todas
las personas por las que se preocupan los necesitan.*

Reconocimientos

Doy las gracias de manera especial a las siguientes personas que oraron por mí, proporcionaron ideas sobre oraciones, evaluaron las que contiene este libro, me inspiraron con su ejemplo o, sencillamente, me dieron ánimos cuando estaba llegando a la meta. Este libro no habría cristalizado sin su apoyo. Un millón de gracias a Raynae Soo, Mamie Leonard, Marlene Talley, Frank y Bunny Wilson, Elvin Ezekiel, Joshua Smith, Cheryl Martin, Billie Rodgers, Eula Smith, Delissa y Kelvin Kelley, Dana Smith-Lacy, Pamela Johnson, Redelia Fowler, Pamela y Alvin Kelley, Wilfred Graves, Oscar Owens, Harold and Ruth Kelley y LaTonya Pegues.

Como siempre, aprecio la flexibilidad e inspiración de mi editora, Peggy Wright, y de todo el maravilloso equipo de Harvest House Publishers.

Finalmente, las palabras nunca podrán expresar toda la gratitud que siento hacia Darnell, mi esposo, y su inquebrantable amor y apoyo por todo lo que hago.

Contenido

Orar la Palabra de Dios. 12

Parte 1: Oraciones para crisis espirituales

Quiero ser salvado ahora. 16
Estoy demasiado ocupado para orar 17
No leo la Biblia 18
Ayúdame a ayunar 19
Estoy enojado con Dios. 20
Quiero saber por qué estoy aquí. 21
Tengo que tomar una decisión ahora 22
Estoy lleno de soberbia 23
Estoy robando a Dios. 24
Mentir parece la única salida 25
Las personas que quiero necesitan salvación . . . 26

Parte 2: Oraciones para crisis físicas

Estoy en peligro físico 28
Tengo una enfermedad que me pone en
    peligro de muerte 29
Mi dolor no desaparece. 30
Mi apetito está fuera de control 31
Necesito empezar a hacer ejercicio 32
Estoy fatigado física o mentalmente 33
No puedo dormir 34
Mi muerte está próxima 35

Parte 3: Oraciones para crisis matrimoniales

He dejado de querer a mi pareja. 38
No quiero someterme a mi esposo 39
Estoy harta de llevar los pantalones 40

Necesito alejarme de mi esposo maltratador . . . 41
Mi familia política está arruinando mi
    matrimonio 42
Queremos tener un hijo 43
Acabo de sufrir un aborto 44
Mi cónyuge quiere el divorcio. 45
Mi cónyuge me ha sido infiel 46
Tengo una aventura sentimental 47
Mi cónyuge y yo apenas tenemos sexo 48
Mi cónyuge está enfermo de celos 49
Mi cónyuge es financieramente irresponsable. . . 50

Parte 4: Oraciones para hijos y familiares en crisis

Una persona querida necesita protección 52
Los conflictos dividen a mi familia 53
Soy culpable de maltratar a un niño 54
Mi hijo está descontrolado. 55
Mi hija soltera está embarazada. 56
Mi hijo es gay o mi hija es lesbiana 57
Estoy cansado del vago de mi hijo 58
Me agota cuidar de mis padres ancianos. 59

Parte 5: Oraciones para crisis de relaciones

Quiero casarme ahora 62
Estoy enamorado de la persona equivocada 63
Estoy tentado a tener sexo sin estar casado 64
Alguien ha traicionado mi confianza. 65
Necesito superar el rechazo 66
He sido acusado falsamente 67
Estoy ofendido. 68
No debería haber dicho eso 69
El chismorreo se está afianzando en mi vida . . . 70
Tengo que establecer límites. 71

Tengo el corazón destrozado 72
Alguien a quien quiero ha muerto 73
Debo evaluar mis expectativas 74
No puedo olvidar un daño. 75
Necesito un sistema de apoyo 76
Necesito liberarme de la intolerancia. 77

Parte 6: Oraciones para crisis financieras, de negocios o legales

Cuanto más tengo, más quiero 80
Me siento tentado a gastar de forma imprudente . 81
No llego a fin de mes 82
Libérame de las deudas. 83
Los préstamos de estudio arruinan mi futuro. . . 84
No tengo seguro. 85
He extraviado algo importante 86
Mi negocio está en declive 87
Alguien me debe dinero 88
Necesito liberarme de la atadura de un contrato . 89
Necesito capital para mi negocio 90
No tenemos casa 91
Estoy pensando en declararme en bancarrota. . . 92
Voy a juicio 93

Parte 7: Oraciones para crisis en los estudios y en el trabajo

Necesito gracia para aprobar un examen 96
No me siento seguro en la universidad. 97
Tengo que pronunciar un discurso 98
No me siento adecuado para esta tarea. 99
Perdí mi trabajo. 100
Mi jefe es insoportable 101
No realizo bien mi trabajo 102

Estoy desbordado de trabajo. 103
No puedo concentrarme 104
Mi subordinado no me respeta 105
Las políticas sucias amenazan mi vida
    profesional 106
Alguien con poder quiere que comprometa
    mis valores 107
Me discriminan. 108
Quiero un ascenso 109

Parte 8: Oraciones para crisis emocionales

La timidez arruina mi vida 112
Tengo pensamientos suicidas 113
Las presiones de la vida me abruman. 114
Estoy a punto de estallar de ira 115
El espíritu de la cobardía ataca mi mente 116
Estoy deprimido. 117
Me siento insoportablemente solo 118
Necesito ser sanado del abuso sexual infantil . . .119
Me consume la envidia. 120
Los celos siguen mostrando su rostro 121
La culpabilidad me atormenta. 122
Líbrame de la pornografía. 123
Lucho contra la adicción al sexo 124
Estoy atrapado en un ciclo de masturbación. . . 125
Estoy atrapado por la pena. 126
Necesito liberación de la nicotina, el alcohol o
    las drogas. 127
Mi confusión mental es alarmante 128

Parte 9: Oraciones para la iglesia, el país y otras crisis

El desacuerdo está destruyendo nuestra iglesia . 130
Hay misioneros en peligro. 131

Mi iglesia necesita ayuda financiera urgente. . . 132
Mi pastor ha pecado 133
Señor, protege a nuestras tropas. 134
Nuestra nación está en crisis. 135
Una persona inocente cumple condena 136
Me preocupa que haya un ataque terrorista . . . 137
Gracias a Dios por la victoria 138

Epílogo 139

"La diferencia" .141

Registro diario de oraciones 142

Orar la Palabra de Dios

Orar quizá sea la disciplina espiritual de la que más se habla y se escribe, pero la que menos se practica. La letra del popular himno del irlandés Joseph M. Scriven: "¡Oh, qué amigo nos es Cristo!" es un recordatorio vívido de su importancia:

¿Vive el hombre desprovisto
De paz, gozo y santo amor?
Esto es porque no llevamos
todo a Dios en oración.

La oración es el oxígeno de nuestro espíritu; nuestra supervivencia depende de ello. Debemos orar siempre y no desmayar (Lc. 18:1). Para estar preparado para un ataque del enemigo, debemos declarar, como el salmista: "Tarde y mañana y a mediodía oraré y clamaré, y él oirá mi voz" (Sal. 55:17).

Nada nos conduce mejor hasta la sala del trono de Dios que los problemas. Además, nada desarrolla mejor nuestros músculos espirituales que el ejercicio de la fe durante los momentos críticos de nuestras vidas. No obstante, mi mayor preocupación al escribir este libro es que algunos lectores lo consideren un permiso para orar solo en tales ocasiones. Quiero dejar claro desde el principio que este libro de oraciones para momentos de crisis basadas en las Escrituras no pretende ser una vía de escape en circunstancias de ese tipo para personas que no tienen una relación con el Señor. Cuando no puedes protegerte habitualmente con el paraguas de la oración, seguro acabas empapado cuando la lluvia de los problemas inevitablemente te alcanza. En su sufrimiento, Job se lamentaba: "El hombre nacido de mujer, corto de días, y hastiado de sinsabores" (Job 14:1).

El objetivo de este libro es proporcionar una herramienta que enseñe a los hijos de Dios cómo proclamar las Escrituras en forma de oración en esos momentos en que se sientan sometidos a pruebas, tentaciones o aflicciones. Orar su Palabra nos asegura que estamos orando su voluntad. Él vigila constantemente su Palabra para ponerla por obra (Jer. 1:12).

Te prevengo que no debes sentirte horrorizado ni cuestionar si es apropiado que yo haya incluido ciertas oraciones que tratan de pecados flagrantes e incluso detestables. Los hijos de Dios siguen siendo humanos y a menudo caen en las mismas tentaciones que los que caminan en la oscuridad. La oración es nuestra defensa y nuestro camino de regreso al sendero recto y estrecho de Dios.

Por motivos de tiempo y espacio, he comenzado cada oración con una *petición*. No obstante, debemos recordar que si a un padre terrenal le gusta ser elogiado y apreciado antes de ser bombardeado con solicitudes, ¿cuánto más deberíamos honrar a nuestro Padre celestial de esta manera? Por lo tanto, en cada ejemplo de oración, asegúrate de entrar por su puerta con acción de gracias y por sus atrios con alabanzas; alábalo y bendice su nombre (Sal. 100:4). Una frase introductoria del tipo: "Señor, te doy las gracias por el privilegio de poder presentarme ante tu trono y obtener tu misericordia en este momento de necesidad" es suficiente en circunstancias difíciles. ¿Por qué? Porque cuando has orado en momentos en los que no hay dificultades en tu vida, lo has alabado por su omnipotencia, omnisciencia y omnipresencia.

A la vez que te animo a repasar este libro a menudo y memorizar oraciones específicas para un momento crítico particular, te prevengo para que resistas la tentación de reducir la oración a un mero ejercicio memorístico. Te sugiero firmemente que te tomes el tiempo necesario para buscar cada referencia bíblica que se ofrece en la oración y meditar en el pasaje relacionado. Modifica con libertad estas oraciones para que encajen con los distintos individuos y circunstancias cuando no estés orando por un tema que te afecta a ti personalmente. Ante todo, cuando te acerques al Padre celestial, espera siempre un resultado positivo a tus plegarias. Acércate creyendo. Tienes que saber que "…sin fe es imposible agradar a Dios; porque es necesario que el que se acerca a Dios crea que le hay, y que es galardonador de los que le buscan" (Heb. 11:6). Te reto a mejorar tu fe y a dejar de actuar "por los ojos", creyendo solo lo que puedes ver. Sí, sabes que Dios *puede* contestar a tus oraciones; confía en que lo *hará*. Consigue el valor y la fuerza con las palabras de David: "Desde mi angustia clamé al SEÑOR, y él respondió dándome libertad" (Sal. 118:5, NVI).

Parte 1

Oraciones para crisis espirituales

Quiero ser salvado ahora

Padre, esta es una emergencia espiritual porque necesito ser salvado. Reconozco que he pecado y estoy destituido de tu gloria (Ro. 3:23). Gracias por demostrarme tu amor en que siendo pecador Cristo murió por mí (Ro. 5:8). Tu Palabra dice que Jesús es la única puerta, y solo puedo entrar a ti a través de Él (Jn. 10:9).

Me arrepiento de todos mis pecados. Perdóname, Señor, y entra en mi vida ahora. Confieso con mi boca que Jesús es el Señor y creo en mi corazón que Tú lo levantaste de los muertos. Según tu Palabra, ahora soy salvo (Ro. 10:9-10). Lléname con tu Espíritu Santo porque Él es el que produce en mí así el querer como el hacer por tu buena voluntad (Fil. 2:13).

Dame hambre y sed de justicia, y deseos de orar tu Palabra. También te pido que me ayudes a ser fiel en la asistencia a la iglesia y a estar dispuesto a compartir mi fe con los demás.

Gracias, Padre, por adoptarme en tu familia (Ro. 8:15). En el nombre de Jesús. Amén.

Estoy demasiado ocupado para orar

✚ Señor estoy dispuesto a superar mi falta de oración. Quiero que mi tiempo contigo sea mi mayor prioridad, no en palabras sino en hechos. Hay actividades que antepongo a ti y, al hacerlo, decido que son más importantes. Reconozco que soy responsable de cada una de las actividades que he colocado en mi ajetreado horario.

No te doy el tiempo necesario para que desarrolles en mí el fruto del Espíritu: amor, gozo, paz, paciencia, benignidad, bondad, fe, mansedumbre y templanza (Gá. 5:22-23).

Sé que separado de ti nada puedo hacer (Jn. 15:5). Intentar llevar mi vida por mí mismo es más de lo que puedo soportar. Quiero comprometerme ahora a tener con regularidad un tiempo de oración contigo porque la oración es tan importante para mi espíritu como el oxígeno para mi cuerpo. Padre, ayúdame a empezar cada mañana con tan solo _____ minutos de permanecer ante ti en silencio, absorbiendo tu amor, tu sabiduría y tu poder que me permite realizar mis tareas diarias. Enséñame a orar sin cesar (1 Ts. 5:17) siendo consciente de tu presencia a lo largo del día. Gracias por anticipado por una vida de oración dinámica que te dará gloria. En el nombre de Jesús. Amén.

No leo la Biblia

✚ Padre, perdóname por mi desobediencia a la hora de estudiar tu Palabra de forma habitual. Sé que si no leo la Biblia, estoy indefenso ante Satanás porque tu Palabra es la espada del Espíritu (Ef. 6:17). Sé que podría haber evitado muchas de mis ansiedades y muchos pecados pasados si hubiera guardado tu Palabra en mi corazón y no hubiera sido tan ignorante de tus promesas (Sal. 119:11).

Padre, quiero prosperar y que todo me salga bien. Tú advertiste que la clave para que estos deseos se cumplan es meditar en tu Palabra día y noche, y actuar conforme a lo que está escrito en ella (Jos. 1:8). Te pido que me des hambre y sed de tu verdad. Ayúdame a comprender la aplicación práctica de tus mandamientos y preceptos. Sé que mi inteligencia no es suficiente porque las cosas espirituales solo pueden discernirse con el Espíritu (1 Co. 2:14-15).

Gracias, Padre, por darme incluso ahora el deseo de conocerte a través de tu Palabra. Con tu ayuda, leeré un pasaje de las Escrituras a diario y lo aplicaré a mi vida. En el nombre de Jesús. Amén.

Ayúdame a ayunar

✚ Señor, realmente deseo ayunar de forma regular porque ejercitar esta disciplina espiritual tiene muchos beneficios. Lo he intentado y he fracasado muchas veces. Mi espíritu lo desea realmente, pero mi carne es débil (Mt. 26:41).

Quiero afinar mi sensibilidad espiritual para poder oír tu voz con más claridad y convertirme en un intercesor eficaz para mi familia, mis amigos, las naciones y todo lo que me preocupa. Has declarado que el ayuno que escogiste desata las ligaduras de la impiedad, suelta las cargas de la opresión, deja libres a los quebrantados y rompe todo yugo (Is. 58:6). Entiendo que algunos problemas, condiciones y situaciones solo serán eliminados a través de la oración y el ayuno (Mt. 17:21).

Ayúdame a no ayunar para que los demás me vean o me ensalcen, porque Jesús advirtió que si lo hago así, esa sería mi única recompensa. Quiero ayunar a tu manera, en secreto, para que Tú me recompenses en público (Mt. 6:16-18).

Señor, déjame comenzar desde ahora mi habilidad para abstenerme de comer; no importa si es ayunar a cierta hora del día, comer una vez al día, abstenerme de alimentos específicos durante un periodo de tiempo como hizo Daniel (Dn. 10:3) o un ayuno total (excepto de agua) durante uno o varios días. Dirige mis pasos, oh, Señor, y condúceme a la madurez completa en esta área. Te daré toda la gloria por todos los milagros y las oraciones contestadas. En el nombre de Jesús. Amén.

□

Estoy enojado con Dios

✚ Padre, Satanás está intentando apropiarse de mi razonamiento, debilitar mi espíritu y ponerme en tu contra (Job 15:12-13). Sí, estoy enojado porque has permitido que esto suceda. Tú tenías el poder para hacer que estas cosas sucedieran de otra manera, pero escogiste no hacerlo. No obstante, tu Palabra dice que como te amo, todas las cosas me ayudan a bien y que conforme a tu propósito he sido llamado (Ro. 8:28). Supongo que mi enojo es una prueba de que no confío en tu sabiduría y en tu plan soberano para mi vida. Perdóname por intentar rebajarte a mi nivel de razonamiento.

¡Qué grande es tu riqueza, sabiduría y conocimiento! ¡Qué imposible es que yo entienda tus decisiones y tus métodos! (Ro. 11:33-35). Libérame de mi modo de pensar carnal porque cuando el Espíritu Santo controla mi mente, tengo vida, paz y gracia para aceptar tus decisiones (Ro. 8:6).

Recibo tu gracia para poder liberarme de mi enojo. Me arrepiento de no confiar en ti. Me someto totalmente a tu plan soberano. En el nombre de Jesús. Amén.

Quiero saber por qué estoy aquí

✝ Padre, estoy cansado de vagar por la vida sin rumbo fijo persiguiendo un objetivo irreal. Esto no te trae gloria. Has creado todas las cosas, y por tu voluntad yo fui creado (Ap. 4:11). Me formaste deliberadamente en el vientre de mi madre para servir a tu propósito con una capacidad especial (Is. 49:5). Necesito tu ayuda para que el camino de mi destino sea claro. Quiero dejar de ignorar o minimizar los dones y talentos que has colocado en mí y dejar de actuar como si estos no tuvieran importancia.

Creo que mi propósito se cumple con el servicio a los demás, así que revélame de forma clara cómo puedo servir a la humanidad con todo lo que me has dado.

Solo quiero hacer esas cosas para las que me has destinado y no dejarme distraer por las tareas improductivas, las prioridades equivocadas o los deseos y las demandas de otros. Al final de mi vida, quiero ser capaz de decirle a Jesús: "Yo te he glorificado en la tierra; he acabado la obra que me diste que hiciese" (Jn. 17:4). En el nombre de Jesús. Amén.

Tengo que tomar una decisión ahora

✚ Padre, necesito tu guía y tu sabiduría para tomar la decisión correcta en este asunto tan importante.

Tu Palabra dice que no debo ser sabio en mi propia opinión, que no me apoye en mi propia prudencia, que te reconozca en todos tus caminos, y que Tú enderezarás mis veredas (Pr. 3:5-7). Prometiste que me harías entender y me enseñarías el camino en el que debo andar y que fijarías tus ojos sobre mí (Sal. 32:8).

Quiero perseguir tu plan perfecto para mi vida. Ayúdame a entender que aunque puede haber planes en mi corazón, tu propósito será el que prevalecerá (Pr. 19:21). Por lo tanto, por el poder de tu Espíritu Santo, someteré todas mis preferencias y deseos a ti en este momento.

Señor, no quiero tomar esta decisión yo solo. Pon personas piadosas en mi camino que me ofrezcan ideas sabias, porque tu Palabra dice que en la multitud de consejeros hay seguridad (Pr. 11:14). Ayúdame a escuchar el consejo, a ser sabio y a no menospreciarlo (Pr. 8:33).

Porque Tú eres mi roca y mi castillo; por tu nombre me guiarás y me encaminarás (Sal. 31:3). En el nombre de Jesús. Amén.

Estoy lleno de soberbia

✝ Señor, sufro una crisis espiritual porque he permitido que la soberbia entre en mi corazón. Debido a que trabajo mucho y a los elogios de los demás, me he adjudicado el mérito de lo que Tú has permitido que adquiera o consiga. Pero ¿qué me hace ser diferente a los demás? ¿Qué tengo que no haya recibido? Y si lo recibí, ¿por qué actúo como si no lo hubiera recibido? (1 Co. 4:6-7).

Ayúdame, Señor. Sé que la soberbia me impedirá tener una relación cercana contigo porque Tú resistes a los soberbios y das gracia a los humildes (Stg. 4:6).

Ayúdame a ser humilde. Tu Palabra dice que la soberbia precede al quebrantamiento, y la altivez de espíritu a la caída (Pr. 16:18). Sé que la soberbia me abatirá, pero al humilde de espíritu lo sustenta la honra (Pr. 29:23).

Lo siento, Señor. Me humillo. Me enfrento al espíritu soberbio y le ordeno que huya de mí según tu Palabra (Stg. 4:7). En mi corazón y ante los hombres, te daré toda la gloria de ahora en adelante. En el nombre de Jesús. Amén.

Estoy robando a Dios

✝ Padre, me presento ante ti hoy pidiendo perdón por robarte tus diezmos y ofrendas (Mal. 3:8; Mt. 23:23).

Sé que todo el dinero que me has permitido ganar te pertenece y debo devolverte una parte de él. Me arrepiento de ser un guardián de tus recursos malo y desobediente.

Entiendo que si te obedezco pagando mis diezmos, reprenderás a Satanás cuando venga a destruir mis bendiciones (Mal. 3:11). Además, prometiste abrir las ventanas del cielo y derramar bendiciones hasta que sobreabunden (Mal. 3:10).

Señor, ayúdame a rechazar el espíritu de temor que impide que yo entregue el diezmo completo, el diez por ciento de mis ganancias, a la iglesia para cubrir las necesidades del ministerio (Mal. 3:10). Sé que amas al dador alegre (2 Co. 9:7). Haz que yo, de buen grado, entregue mis diezmos y ofrendas con alegría y fidelidad. Sé que mi obediencia evitará que sufra carencias. En el nombre de Jesús. Amén.

Mentir parece la única salida

✚ Padre, estoy en una situación donde mentir parece la mejor solución a un problema. Aunque he llegado a esta conclusión basándome en mi razonamiento natural, vengo a ti porque tu Palabra dice que abominas los labios mentirosos, pero los que hacen verdad son tu contentamiento (Pr. 12:22). Padre, quiero que mis actos te contenten; no quiero involucrarme en ningún comportamiento que te resulte abominable. Quiero comportarme como una persona íntegra (Pr. 11:3).

Tu Palabra dice que la verdad superará la prueba del tiempo, y que la mentira pronto saldrá a la luz (Pr. 12:19). Dame el valor para desechar toda mentira y engaño, y decir la verdad (Ef. 4:25).

Te dejo a ti las consecuencias de decir la verdad, sabiendo que a los que aman a Dios todas las cosas les ayudan a bien (Ro. 8:28). Sé que esto será mucho mejor que las consecuencias de mentir porque tu Palabra dice que no habitará dentro de tu casa el que hace fraude; el que hable mentiras no se afirmará delante de tus ojos (Sal. 101:7). Dame el valor para decir la verdad ahora. En el nombre de Jesús. Amén.

Las personas que quiero necesitan salvación

Padre, mi corazón tiene una carga por
_____ porque no ha aceptado a Jesús
como su Salvador personal. Está intentando vivir
en la tierra sin tener relación alguna contigo. No puedo
soportar pensar que pasará la eternidad en el infierno. Sé
que has sido paciente con esta persona porque no quieres
que ninguno perezca, sino que todos se arrepientan (2 P.
3:9). No obstante, dijiste que aunque todas las almas te
pertenezcan, el alma que pecare esa morirá (Ez. 18:20) y
estará separada de ti eternamente.

Oh, Señor, envía a alguien al camino de
_____ que le traiga salvación. Tú dijiste que
ningún hombre puede venir a Jesús a menos que el Padre
lo atraiga (Jn. 6:44). Prepara ahora su corazón; no le permitas resistirse al cortejo del Espíritu Santo.

Asumo la autoridad sobre la fortaleza del pecado que
tiene cautivo el pensamiento de _____. No
dejes que encuentre consuelo, gozo o plenitud en su vida
de rebelión.

Ayúdame a permitir que mi luz brille sobre esta persona para que vea el gozo, la paz y los demás beneficios de
la salvación. Oro para que llenes a _____ del
conocimiento de tu voluntad mediante la sabiduría y la
inteligencia espiritual, para que pueda vivir una vida digna
de ti y te pueda complacer de todas las formas posibles,
llevando el fruto en toda buena obra y creciendo en tu conocimiento (Col. 1:9-10). En el nombre de Jesús. Amén.

Parte 2

Oraciones para crisis físicas

Estoy en peligro físico

✚ Señor, Tú eres mi refugio; me proteges de la angustia (Sal. 32:7). Aunque ande en valle de sombra de muerte, no temeré mal alguno, porque Tú estarás conmigo; tu vara y tu cayado me infundirán aliento (Sal. 23:4).

Gracias, Señor, por ser mi luz y mi salvación. ¿De quién temeré? Tú me protegerás del peligro, así que ¿de quién he de atemorizarme? (Sal. 27:1, 3).

Señor, permite que esta situación sea para mí un recordatorio de que necesito caminar con rectitud ante ti fielmente para poder reclamar tus promesas de protección, porque libras al justo de la tribulación, más el impío cae en ella (Pr. 11:8).

Descanso en la seguridad de que no me sucederá ningún mal; ningún desastre se producirá cerca de mí porque Tú has ordenado a tus ángeles que me guarden en todos mis caminos (Sal. 91:10-11).

Gracias por tu fidelidad para conmigo. En el nombre de Jesús. Amén.

Tengo una enfermedad que me pone en peligro de muerte

✚ Padre, el enemigo ha venido a robarme la vida porque eso es lo que hace: roba, mata y destruye. Pero yo confío en tu Palabra que dice que has venido para que tenga vida y la tenga en abundancia (Jn. 10:10). Aunque el informe del doctor sea negativo, yo sé que Tú tienes la última palabra en lo que se refiere a mi vida. Me viste antes de que naciera. Cada uno de mis días está recogido en tu libro. Cada momento fue diseñado antes de ocurrir (Sal. 139:16).

Perdóname, Padre, por cualquier puerta que yo haya podido abrir para dejar pasar esta enfermedad, por no ser un buen administrador de mi salud. Vengan a mí tus misericordias para que viva (Sal. 119:77). Haz que yo sea un testimonio de tu gran poder para curar. Tú eres el mismo Dios milagroso ayer, hoy y por los siglos (Heb. 13:8).

Asumo la autoridad sobre cualquier parte de mi cuerpo que no funcione bien. Les ordeno que sean sanadas. Decreto que no moriré antes de que llegue el momento señalado, sino que viviré para contar tus obras (Sal. 118:17). Por tanto, diré con la autoridad de tu Palabra que con la llaga de Jesús, he sido curado (Is. 53:5). En el nombre de Jesús. Amén.

Mi dolor no desaparece

✚ Señor, siento dolor, y solo Tú eres mi amparo y for-taleza, mi pronto auxilio en la tribulación (Sal. 46:1).
Tu Palabra dice que son muchas las aflicciones del justo, pero que Tú lo libras de todas ellas (Sal. 34:19). Mira mi aflicción y mi trabajo, y perdona todos mis pecados (Sal. 25:18). Envíame el alivio ahora, Señor. Ya sea a través de la medicina o de un milagro, siempre reconoceré que Tú eres la fuente de mi curación.

Ayúdame a centrarme en tus promesas y no en el dolor, porque ellas me vivifican y me confortan (Sal. 119:50). Sáname, oh, Señor, y seré sano; sálvame y seré salvo, porque Tú eres el que merece mi alabanza (Jer. 17:14).

Oro que tu misericordiosa bondad sea mi consuelo, según tu Palabra (Sal. 119:76). Con la autoridad de tu Palabra, declaro que tu unción está alejando el dolor de mi cuerpo en este momento. En el nombre de Jesús. Amén.

Mi apetito está fuera de control

✚ Señor, he permitido que la comida sea el centro de mi vida y tengo problemas por ello. Sé que no te agrada que no pueda controlar esto. Tu Palabra dice que todo aquel que lucha de todo se abstiene (1 Co. 9:25). Me arrepiento de no permitir que el Espíritu Santo produzca el fruto de la templanza en mi vida (Gá. 5:22-23). Tu Palabra dice que el justo come para saciar su alma, pero el vientre de los impíos tendrá necesidad (Pr. 13:25). Enséñame a comer hasta sentirme saciado y no hasta atiborrarme. Examina mi corazón e ilumina cualquier problema emocional que me devore y me haga consumir cantidades excesivas de comida (Sal. 139:23-24). Enséñame a enfrentarme a este problema sin recurrir a la comida. Ayúdame a ser inteligente en el tema de la nutrición. No quiero destruir mi cuerpo por falta de conocimiento (Os. 4:6). Haz que desee solo las comidas que nutran mi cuerpo.

Someto mi apetito a tu Espíritu. Por lo tanto, si como o bebo, o hago otra cosa, ayúdame a hacerlo para tu gloria (1 Co. 10:31). En el nombre de Jesús. Amén.

Necesito empezar a hacer ejercicio

✝ Señor, sé que mi cuerpo es el templo del Espíritu Santo, y no me pertenece (1 Co. 6:19). Confieso que he fracasado al administrar esta área porque no la ejercito con regularidad. Tu Palabra dice que fui comprado por Jesús a un alto precio, y que debería glorificarte con mi cuerpo y mi espíritu porque ambos te pertenecen (1 Co. 6:20).

Señor, sé que quieres que mi cuerpo y mi alma estén igual de sanos (3 Jn 2). Ayúdame a sujetar mi cuerpo a mi espíritu para hacerlo mi esclavo (1 Co. 9:27). No quiero abrir la puerta a Satanás para que entre a atacar mi cuerpo con unos miembros débiles, una mala circulación, obesidad, fatiga u otras enfermedades. Cuando empiece a hacer ejercicio, ayúdame a mantener la perspectiva adecuada sobre el propósito de un cuerpo en forma y a no dejarme llevar por los criterios del mundo de tratar de tentar al sexo opuesto.

Te necesito, Padre, para que produzcas en mi tanto el querer como el hacer por tu buena voluntad (Fil. 2:13). No puedo hacerlo por mí mismo; separado de ti nada puedo hacer (Jn. 15:5). Por tu gracia, ¡seré santo y estaré en forma! En el nombre de Jesús. Amén.

Estoy fatigado física o mentalmente

✝ Señor, me siento muy cansado. No obstante, encuentro refugio y consuelo en la invitación de Jesús a buscar descanso en Él cuando estoy sobrecargado de responsabilidades (Mt. 11:28). Sin duda, estoy sobrecargado. Deseo entrar en ese reposo especial que espera al pueblo de Dios (Heb. 4:9-11).

Enséñame a sacar el mejor provecho de mi tiempo para que pueda poner prioridades y manejar el día con sabiduría (Sal. 90:12). Estoy cansado de ser víctima diaria de lo urgente y no de lo que en realidad importa. Ante todo, haz que no olvide darte las gracias y someter mi horario a ti antes de comprometerme a realizar ninguna actividad. Dame el valor para decir no cuando sea adecuado y sabio hacerlo. No permitas que deje que los valores terrenales me lleven a adquirir cosas o a perseguir objetivos vanos que me impidan descansar adecuadamente. Enséñame a esperar en tu presencia. Confío en tu Palabra, sé que renovarás mis fuerzas y que levantaré las alas como las águilas (Is. 40:31). En el nombre de Jesús. Amén.

No puedo dormir

Padre, te doy gracias por tu promesa de dar reposo a los que amas (Sal. 127:2). Te pido que ilumines con tu luz la raíz del problema que me impide dormir. Cualquiera que sea la ansiedad que no me deja conciliar un sueño reparador, la echo sobre ti ahora porque me has enseñado que cuidas de mí (1 P. 5:7).

Calma mi mente. Ayúdame a estar quieto y a conocer que Tú eres Dios (Sal. 46:10). Me someto a tu mandamiento de dejar de preocuparme por las cosas y orar por ellas. Traigo ante ti mis necesidades y te doy las gracias por todo lo que has hecho. Tu Palabra me asegura que al hacerlo experimentaré tu paz, que es mucho más maravillosa de lo que cualquier mente humana pueda imaginar. Tu paz guardará mi corazón y mis pensamientos (Fil. 4:6-7).

Mediante la fe, me acostaré sin temores ni ansiedades y disfrutaré de sueños agradables (Pr. 3:24). Sí, me acostaré en paz y dormiré porque solo Tú, oh, Señor, me haces vivir confiado (Sal. 4:8). En el nombre de Jesús. Amén.

Mi muerte está próxima

✚ Padre, sé que mi marcha de esta tierra es solo cuestión de tiempo. Puede que no haya hecho todo lo que me encomendaste; no obstante, te pido que extiendas tu gracia hacia mí como hiciste con el ladrón que murió en la cruz junto a Jesús (Lc. 23:42-43). Gracias por la salvación de mi alma a través de la crucifixión, el entierro y la resurrección de Cristo.

Padre, me consuela saber que no habrá más muerte, ni pena, ni llanto ni dolor en el mundo que está por venir (Ap. 21:4). Como te he pedido que seas mi Señor y mi Salvador, espero ansiosamente ese bendito día sin temor.

Padre, no dejes que muera en vano. Utiliza mi muerte para atraer a otros hacia ti. Deja que este sea un tiempo de reflexión en el que puedan pensar en su propia mortalidad y se comprometan a perseguir el propósito que tienes para sus vidas.

Finalmente, oro para que antes de que las puertas del cielo se cierren, toda mi familia diga sí a tu voluntad para sus vidas, y que nos regocijemos en torno a tu trono todos juntos. En el nombre de Jesús. Amén.

Parte 3

Oraciones para crisis matrimoniales

He dejado de querer a mi pareja

Padre, mi afecto por mi cónyuge está en un momento bajo. Sé que tu Palabra dice que el amor es sufrido, benigno, humilde, no se irrita, no es egoísta y no guarda rencor (1 Co. 13:4-5). Confieso que guardo rencor por las ofensas y que ahora no tengo paciencia con sus defectos. Perdóname, Padre, por mi inmadurez espiritual. Te pido que entres en mi corazón y que ames a mi pareja a través de mí. Ayúdame a desprenderme de todas las ofensas. Quiero que mi matrimonio sea un ejemplo de cómo Cristo amó a su Iglesia y dio su vida por ella.

Señor, obra en los dos para querer y hacer tu voluntad (Fil. 2:13). Sana nuestro matrimonio para gloria tuya. Guíanos mientras hacemos lo que dice tu Palabra para recuperar el amor perdido: recordar las cosas que solíamos hacer, arrepentirnos de nuestros fallos y reavivar el fuego que teníamos en un principio (Ap. 2:5). Solo Tú puedes cambiar el corazón de una persona; por lo tanto, te entrego mi corazón y mis emociones para que lo inclines todo a tu voluntad (Pr. 21:1). En el nombre de Jesús. Amén.

No quiero someterme a mi esposo

Señor, sé que tu Palabra dice que debo someterme a mi esposo en todas las cosas (siempre que él no me pida que peque o que infrinja la ley) porque esta es tu orden divina (Ef. 5:22-24); no obstante, tengo dificultades para hacerlo. Si mi actitud se debe a mi necesidad de controlar las cosas o a mi opinión de que yo estoy mejor preparada que él para ciertas tareas, no quiero rebelarme porque esto es tan malo como el pecado de la adivinación, y la obstinación es tan mala como la adoración de ídolos (1 S. 15:23).

Así que, Padre, ayúdame a ser humilde y someterme a mi esposo; incluso cuando no me apetezca hacerlo. Hazme ser una buena ayudante. Dame la sabiduría, el valor y el conocimiento para dirigir nuestra casa de manera que honre a Dios. Enséñame a apoyar genuinamente sus decisiones y no cuestionarlas. Ayúdame, Señor, a disciplinar mi lengua para que mis palabras lo animen y lo edifiquen (Ef. 4:29) en lugar de menospreciarlo. Por tu gracia, seré una mujer sabia que edifica su casa, en lugar de una necia que la derriba con sus manos (Pr. 14:1). En el nombre de Jesús. Amén.

Estoy harta de llevar los pantalones

✚ Padre, me arrepiento de haber tomado el lugar de
mi esposo en la casa. Cuanta más autoridad le he
usurpado, más ha retrocedido él en su papel de
líder. Sé que ese no es tu orden divino para nuestro matrimonio. Entiendo que el esposo es la cabeza de la esposa,
como Cristo es la cabeza de la Iglesia (Ef. 5:23). No obstante, me he convertido en una mujer independiente y de
voluntad fuerte para poder sobrevivir a las experiencias
negativas de la vida.

Te pido que me des el valor para arrepentirme ante
mi esposo por hacer que él no asumiera las responsabilidades que Tú le has dado. Deseo sinceramente devol-
verle las riendas. Rechazo el temor a que él haga mal las
cosas. Confío en que permitirás que él las haga mucho
mejor de lo que yo pueda imaginar, según tu poder que
actúa en él (Ef. 3:20).

Muéstrame día a día maneras específicas de volver a
ocupar el lugar adecuado para mí. Cambia mi actitud con-
troladora. Ayúdame a liberarme de mi bagaje emocional
para que mi esposo pueda ser el proveedor y el protector
que lo has llamado a ser. En el nombre de Jesús. Amén.

Necesito alejarme de mi esposo maltratador*

Padre, estoy cansada de que mi esposo me maltrate. Te pido que me liberes ahora de mis ideas equivocadas, mis fantasías esperanzadas, la negación o el temor que me mantiene en esta situación.

Tu Palabra dice que mi esposo debería amarme como ama a su propio cuerpo y cuidarme igual que Cristo cuida de su Iglesia y da la vida por ella (Ef. 5:28). Me doy cuenta de que él no me ama, porque el amor no hace mal al prójimo (Ro. 13:10).

Si su problema se debe a un historial familiar de abusos, a un problema de desequilibrio químico en su cerebro o a cualquier otra causa, te pido que lo liberes ahora mismo. Envíale a alguien que le muestre cómo salir de esta atadura. Dame la sabiduría para que sepa protegerme del maltrato verbal o físico porque mi cuerpo y mi mente son tu templo, y no deberían ser deshonrados de esta manera (1 Co. 6:19).

Dame el valor necesario para alejarme de este ambiente de maltrato. Necesito un lugar de refugio y de apoyo. Confío en tu Palabra que dice que Tú suplirás todo lo que me falta conforme a tus riquezas en gloria (Fil. 4:19). En el nombre de Jesús. Amén.

*Se puede modificar para que sea una oración para una esposa maltratadora.

Mi familia política está arruinando mi matrimonio

Gracias, Señor, por mi cónyuge. Sé que en tu diseño para mi matrimonio, los esposos deben dejar a sus padres y unirse a su pareja para ser una sola carne (Gn. 2:24). Necesito tu ayuda porque mi familia política es un peligro para nuestra unión. Te pido que des a mi cónyuge el valor de ser fuerte para poner límites a sus padres o a otros familiares entrometidos. Ayúdale a superar el temor a ser rechazado o juzgado negativamente por ponerlos en su sitio. Haz que vean que él/ella es quien les enseña a relacionarse con nosotros según las interferencias que les tolere.

Que tu Palabra sea nuestra guía para todo porque nosotros no podemos caminar juntos si no estamos de acuerdo en cuál es la dirección hacia la que vamos (Am. 3:3). Señor, si tengo que hablar con mi familia política directamente, dame lengua de sabio para ser benévolo y directo al decir las palabras adecuadas en el momento correcto (Is. 50:4), para que no se produzca un daño permanente en nuestro matrimonio o en nuestra relación con mi familia política.

Gracias por adelantado por ir delante de nosotros en este asunto y hacer que sus corazones estén receptivos a nuestras palabras. En el nombre de Jesús. Amén.

44

Queremos tener u

Señor, deseamos tener un hijo. Nos sentim
trados por todos esos esfuerzos fútiles que hem
hecho para cumplir este deseo. Me dirijo a ti como
nuestra única esperanza porque toda vida empieza contigo. Te pedimos que nos concedas el privilegio de traer
un hijo a este mundo para criarlo en disciplina y amo-
nestación (Ef. 6:4). Por favor, elimina los impedimentos
y obstáculos para que podamos concebir.

Esperamos con fe que nos concedas esta petición como
hiciste con Ana cuando te suplicó por un hijo (1 S. 1:10-
17); no obstante, si en tu infinita sabiduría, has mirado en
el futuro y, por cualquier razón, has decidido que no es
tu voluntad para nosotros que tengamos un hijo natural,
te pedimos que nos des gracia para aceptar tu decisión.
Muéstranos los nuevos pasos para seguir. Ayúdanos a
poner tu voluntad por encima de nuestros deseos.

Danos paz para someternos a tu elección del momento adecuado y a tu plan soberano. En el nombre de
Jesús. Amén.

Acabo de sufrir un aborto

Dios mío, mi esposo y yo estamos muy decepcionados porque mi embarazo terminó de esta manera.

Sabemos que eres el dador de vida y que tuviste un propósito divino al permitirme concebir. Me resisto a rebajarte a mi nivel de conocimiento porque tu sabiduría y entendimiento son inescrutables, y tus caminos, decisiones y métodos son insondables (Ro. 11:33-34).

Confiamos en las verdades que encontramos en tu Palabra. Sabemos que cuando formas una vida en el vientre, ya has decidido el propósito para el que servirá (Is. 49:5). En la concepción, determinaste el número de días que viviría este niño y lo escribiste en tu libro (Sal. 139:16). Estamos seguros de que cuando te propones algo, nadie puede torcer o anular tus planes (Is. 14:27). Así que, Señor, ayúdanos a referirnos a esta situación no como aborto espontáneo o embarazo fallido, sino como "vida completada en el vientre".

Claro que teníamos grandes planes para el futuro de este niño; sin embargo, en Proverbios 19:21 tu Palabra dice: "Muchos pensamientos hay en el corazón del hombre; mas el consejo de Jehová permanecerá". Consuélanos, Padre, para que podamos consolar a otros que están experimentando lo mismo que nosotros (2 Co. 1:4). Que nuestra respuesta te glorifique y que seamos modelos de fe, esperanza y confianza en ti. En el nombre de Jesús. Amén.

Mi cónyuge quiere el divorcio

✠ Padre, dijiste que aborreces el divorcio (Mal. 2:16). No deseo ni he iniciado tal acción, pero los deseos de mi cónyuge no están en mis manos. Aunque la situación parece desesperada, sé que Tú eres el Dios de toda carne y que nada es demasiado difícil para ti (Jer. 32:17). Por lo tanto, tengo fe en que mi matrimonio se recuperará. Tu Palabra dice que incluso el corazón del rey está en tus manos y a todo lo que quieres lo inclinas (Pr. 21:1); por lo tanto, Señor, te pido que inclines el corazón de mi cónyuge de nuevo hacia mí.

Quítame la venda de los ojos; muéstrame dónde me he equivocado y cómo he contribuido a su deseo de divorciarse de mí. Sé que puedes fortalecerme para que yo pueda hacer los cambios necesarios en mi comportamiento (Fil. 4:13).

Combato la ansiedad respecto a cualquier aspecto de mi futuro porque prometiste que nunca me desampararías ni me dejarías (Heb. 13:5). Gracias por tu fidelidad hacia mí. Recibo tu paz, que sobrepasa mi entendimiento (Fil. 4:6-7). En el nombre de Jesús. Amén.

Mi cónyuge me ha sido infiel

Padre, mi cónyuge ha violado nuestros votos matrimoniales, de los cuales Tú dijiste que deben ser honrados y que el lecho del matrimonio debe permanecer sin mancilla (Heb. 13:4). Mi corazón está muy herido. Ayúdame a resistir la tentación de buscar venganza por este daño porque dijiste que Tú juzgarías a los fornicarios y a los adúlteros (Heb. 13:4).

Dame el deseo de perdonar porque debo recordar que cuando yo era todavía un pecador, Tú me mostraste tu amor enviándome a Jesús para que muriera por mí (Ro. 5:8). Necesito que obres de forma especial en mi corazón y me des la fuerza para ejercitar el amor verdadero y el verdadero perdón. Me arrepiento de cualquier cosa que haya hecho que lo haya animado a actuar así. Revélamelo ahora y no permitas que la culpa me atormente.

Señor, según tu Palabra, el adulterio es causa legítima de divorcio (Mt. 19:9); sin embargo, si esta no es tu voluntad, dame la gracia para sobreponerme a la herida de esta traición. Enséñame a confiar de nuevo y a no amargarme. Dale a mi cónyuge la sabiduría para evitar futuras situaciones que lo hagan caer fácilmente en los deseos de la carne (Ro. 13:14). Toma esta situación que Satanás pretendió que fuese para mal y transfórmala en testimonio de tu gloria. Me someto a tu voluntad soberana. En el nombre de Jesús. Amén.

Tengo una aventura sentimental

✚ Padre, confieso que tengo una aventura sentimental. Sé que unirme a otra persona de esta manera es una enorme violación de mis votos matrimoniales (Mt. 19:5-6). Esta persona satisface una necesidad emocional que tengo; una que mi cónyuge no puede o no quiere suplir. Sé que esto no justifica mi comportamiento.

Me doy cuenta de que estoy abriendo la puerta a la infidelidad sexual. Tu Palabra dice que el avisado ve el mal y se esconde, pero el simple pasa y lleva el daño (Pr. 27:12). No quiero seguir siendo necio ni quiero sufrir por la pérdida de mi matrimonio. Necesito terminar con esta relación dañina ahora mismo. Ayúdame a detener inmediatamente los correos electrónicos secretos, las llamadas de teléfono, los halagos inadecuados o cualquier otro acto que mantenga vivo este fuego inmoral.

Perdóname por ignorar las maquinaciones de Satanás y caer en su trampa (2 Co. 2:11). Enséñanos a mi cónyuge y a mí a comunicarnos eficazmente nuestras necesidades uno a otro para satisfacerlas dentro de los límites de nuestro matrimonio. En el nombre de Jesús. Amén.

Mi cónyuge y yo apenas tenemos sexo

✚ Señor, en contra de tu voluntad, el sexo no forma parte integral de nuestro matrimonio. Vengo a ti en busca de sabiduría para saber cómo impulsar esta área de nuestra vida. Sé que tu Palabra dice que el esposo no debe privar a la esposa de intimidad sexual, lo cual es un derecho de la mujer casada. Ni tampoco debería una esposa privar a su esposo de relaciones sexuales; excepto si ambos han decidido ayunar y orar durante un periodo de tiempo (1 Co. 7:3-5).

Ilumina la raíz de este problema para que podamos determinar si es algo emocional, médico, se debe a factores relacionales o a una combinación de varias cosas. Ayúdanos a comentar este problema con sinceridad, abiertamente y sin culparnos uno a otro, sin temor al ridículo o a las palabras fuertes. Permite que deseemos buscar ayuda profesional si es necesario. No quiero que la frustración y el resentimiento se afiancen en nuestra relación. Ayúdanos a darnos cuenta de que nos hacemos vulnerables al ataque de Satanás al no convertirnos en una sola carne de forma regular (1 Co. 7:5). Muéstranos modos creativos de encender de nuevo nuestra pasión y que nuestro matrimonio sea pleno sexualmente hablando. En el nombre de Jesús. Amén.

Mi cónyuge está enfermo de celos

✝ Padre, estoy harto de los celos y la desconfianza de mi cónyuge. Tu Palabra dice que los celos son tan crueles como la tumba, y que sus llamas son llamas de fuego (Cnt. 8:6). Sí, las llamas de sus celos están consumiendo nuestro matrimonio. No tiene paz porque siempre está tratando de controlar cada uno de mis movimientos. Está atormentado por el temor a ser desplazado. Padre, haz que tenga una relación más cercana contigo porque tu perfecto amor echa fuera el temor, y el temor lleva en sí castigo. Ayúdale a ver que la persona que teme no ha sido perfeccionada en el amor (1 Jn. 4:18).

Muéstrame si contribuyo a su inseguridad no hablándole lo suficiente sobre mi paradero, minimizando sus preocupaciones, flirteando con el sexo opuesto o de cualquier otro modo. Dame la gracia y el amor necesario para ser sufrido y apoyarlo (1 Co. 13:4). Déjale encontrar la ayuda que necesita para enfrentarse a los sucesos de su pasado que han ocasionado este temor a ser abandonado. Oro para que sea capaz de aprender a confiar en ti hasta el punto de creer en tu promesa de que sustentarás su suerte (Sal. 16:5). Gracias por adelantado por su liberación. En el nombre de Jesús. Amén.

Mi cónyuge es financieramente irresponsable

✚ Señor, el comportamiento irresponsable de mi cónyuge está amenazando la estabilidad económica de nuestro matrimonio. No quiero que Satanás utilice nuestras distintas actitudes ante el dinero para destruir nuestra relación. Te pido que suplas el vacío que lo lleva a tener este comportamiento. Dame la sabiduría para orar por ello, animar y edificar (1 Ts. 5:11) en lugar de regañarlo, insultarlo o humillarlo por su aparente falta de buen juicio financiero. Haz que vea el error de su forma de actuar. Dale el deseo de manejar el dinero que Tú nos proporcionas según los principios bíblicos de buena administración.

Señor, busca en mi corazón y muéstrame en qué aspectos mi forma de pensar sobre las finanzas es demasiado conservadora, impidiéndonos experimentar una vida de abundancia que Jesús vino a darnos (Jn. 10:10). Enséñanos a los dos a equilibrar la balanza entre gastar para disfrutar hoy y ahorrar para el futuro. Líbranos del bagaje emocional que ha dado forma a nuestros puntos de vista sobre el propósito y la prioridad en nuestras finanzas. Déjanos abandonar y olvidar estas actitudes destructivas, y mirar hacia delante en nuestra relación (Fil. 3:13). Ayúdanos a llegar a un acuerdo en nuestras prioridades porque tu Palabra dice que dos no pueden andar juntos si no están de acuerdo (Am. 3:3).

Gracias por adelantado por hacer de nosotros un ejemplo y testimonio de pareja que anda junta en intimidad y triunfo financiero. En el nombre de Jesús. Amén.

Parte 4

Oraciones para hijos y familiares en crisis

Una persona querida necesita protección

✚ Padre, en mi lamento clamo a ti, y Tú me respondes (Sal. 120:1). Vengo ante ti para pedir por _____ que necesita tu protección en estos momentos. Qué alivio saber que nunca estamos alejados de tu presencia (Sal. 139:7). Confío en tu Palabra y creo que cuando _____ se meta en problemas graves, Tú estarás a su lado. Cuando atraviese ríos de dificultad, no lo anegarán. Cuando pase por el fuego de la opresión, no se quemará (Is. 43:2).

Te doy las gracias por enviar a tus ángeles para guardar a _____ en todos sus caminos (Sal. 91:11). Te agradezco que tus planes para _____ sean de paz y no de mal, para darle un futuro y una esperanza (Jer. 29:11).

Rechazo todo pensamiento de ansiedad o duda. Pongo todas mis preocupaciones por esta situación en tus manos porque Tú tienes cuidado de _____ (1 P. 5:7). Gracias por tu fidelidad al fortalecer y proteger a _____ de las maquinaciones de Satanás (2 Ts. 3:3). Te alabo por antelación por el buen informe que recibiré diciendo que está a salvo y ha sido liberado de esa situación que lo amenazaba. En el nombre de Jesús. Amén.

Los conflictos dividen a mi familia

✝ Oh, Señor, los conflictos causan estragos en nuestra familia. Tu Palabra dice que abominas a los que siembran discordia (Pr. 6:16, 19). Te pido que toques el corazón de todos los miembros de la familia que causan conflicto y los acerques más a ti. Dijiste que todo el que fuera pacificador sería bendecido y sería llamado hijo tuyo (Mt. 5:9). Padre, me comprometo a ser un pacificador en esta situación.

Libra a mi familia del egoísmo, el orgullo y el odio. Danos la clase de amor que cubre todos los pecados y defectos (Pr. 10:12). Ayúdanos a comprender que el que comienza la discordia es como quien suelta las aguas, y a dejar la contienda antes que se enrede (Pr. 17:14). Tu Palabra dice que evitar una lucha es señal de honradez y que solo los insensatos insisten en pelearse (Pr. 20:3). Silencia a los insensatos, Padre.

Asumo la autoridad sobre cualquier espíritu de división. Te pido que ayudes a mi familia a empezar a perseguir las cosas que contribuyen a la paz y a la mutua edificación (Ro. 14:19). En el nombre de Jesús. Amén.

Soy culpable de maltratar a un niño

Padre, sé que los niños son especiales para ti, porque Jesús regañó a sus discípulos por intentar alejar de Él a los niños cuando sus padres se los trajeron (Mr. 10:13). Cuando le presentaban los niños, los abrazaba y los bendecía (Mr. 10:16); por eso, ayúdame a relacionarme con mis hijos para que ellos se sientan bendecidos y no maldecidos. Libérame de la rabia que me hace maltratar física y verbalmente a mis hijos o a otros niños. Déjame someterme al Espíritu Santo y permítele obrar el fruto del amor, la paz, la paciencia y la benignidad en mí (Gá. 5:22).

Tu Palabra dice que si detengo el castigo, aborrezco a mi hijo, pero que si lo amo debo corregirlo desde temprano (Pr. 13:24). Enséñame, Padre, a disciplinar a mi hijo con sabiduría porque me doy cuenta de que si le hago demasiado daño también estoy deteniendo su corrección.

Perdóname por los errores que he cometido como padre/madre en el pasado. Sigue recordándome, Señor, que los hijos son herencia tuya, y el fruto del vientre es una recompensa (Sal. 127:3). Dependo de ti para llegar a ser el padre/la madre que me has llamado a ser. En el nombre de Jesús. Amén.

Mi hijo está descontrolado

✚ Padre, el comportamiento de mi hijo está fuera de control. Me doy cuenta de que es producto de mi actuación como padre/madre. Perdóname por faltar a tu mandamiento de educarlo según la disciplina y la instrucción que Tú aprobaste (Ef. 6:4). Estoy listo para ser padre/madre a tu manera ahora mismo.

Señor, necesito que me enseñes a establecer límites con las consecuencias adecuadas y coherentes. Tu Palabra dice que el corazón del joven está lleno de necedad, pero la disciplina la alejará (Pr. 22:15). Ayúdame, Señor, a superar el miedo al rechazo de mi hijo cuando tenga que tomar una decisión impopular, pero sabia. Sé que esta inseguridad proviene de Satanás porque Tú no me has dado espíritu de cobardía, sino de poder, de amor y de dominio propio (2 Ti. 1:7).

Déjame que tenga unas expectativas adecuadas de mi hijo para que no lo provoque o lo frustre (Col. 3:21). Mediante la fe, decreto que mi hijo conocerá al Señor, y así su paz será grande (Is. 54:13). Gracias por adelantado por ser glorificado con su vida. En el nombre de Jesús. Amén.

Mi hija soltera está embarazada

✚ Padre, me siento muy decepcionado porque mi hija soltera está embarazada. Aunque Tú eres el dador de toda la vida, sé que esta circunstancia no es ideal para el nacimiento de un hijo. Tú dices que la fornicación está mal, y mi hija debería haber huido de sus pasiones juveniles (2 Ti. 2:22). Sin embargo, Tú tienes un propósito soberano al permitir que ella concibiera. De acuerdo con tu Palabra, todos los días ordenados para este niño ya se han escrito en tu libro aunque no haya nacido aún (Sal. 139:16).

Perdóname por cualquier falta de mi parte que haya contribuido a esta situación. Ayúdame a ser un padre sabio, darle el apoyo necesario, pero no en la medida en que le permita repetir esta experiencia. Guíame para que pueda aconsejarla bien en su decisión de quedarse con el bebé o de darlo en adopción. También te pido que el padre del bebé desempeñe un papel integral en la toma de decisiones que afectarán el destino de este niño. Aparto ahora de mí toda amargura, rabia e ira que pueda sentir hacia el padre del bebé (Ef. 4:31).

Decreto por fe que este niño traerá gloria y honra a tu nombre a la medida que cumpla el propósito para el cual ha nacido. En el nombre de Jesús. Amén.

Mi hijo es gay o mi hija es lesbiana

✝ Señor, según tu Palabra la homosexualidad es detestable a tus ojos (Lv. 20:13). Oro para que le abras los ojos del entendimiento a mi hijo para que sepa cuál es la esperanza a que Tú lo has llamado (Ef. 1:18).

Padre, déjame demostrar una actitud de compasión y ánimo en lugar de condena. Necesito tu gracia para mostrar tu amor incondicional. Ayúdame a abstenerme de exaltar el pecado de la homosexualidad por encima de cualquier otro fracaso moral porque tu Palabra dice que toda injusticia es pecado (1 Jn. 5:17). Extiende tu misericordia ahora, Padre. No entregues a mi hijo a una mente reprobada como hiciste con los gentiles que se involucraron en actos sexuales del mismo tipo (Ro. 1:28).

Ato a cualquier espíritu demoniaco que influya en las emociones de mi hijo (Mt. 18:18). Decreto que abrace plenamente el sexo con el que Tú lo creaste (Gn. 1:27). También decreto que es transformado ahora con la renovación de su mente y comprobará cuál es tu voluntad agradable y perfecta (Ro. 12:2). En el nombre de Jesús. Amén.

Estoy cansado del vago de mi hijo

✚ Señor, confieso que he permitido que mi hijo adulto se haya hecho un irresponsable. Me arrepiento ahora de mi fracaso. Tu Palabra declara que cada uno lleva su propia carga (Gá. 6:5). Perdóname por todas las ocasiones en las que lo salvé con mi red de seguridad y no le permití recoger las consecuencias de sus elecciones equivocadas. Ayúdame a reconocer y a dejar atrás la culpa, los temores, los vacíos emocionales o las creencias erróneas que me llevaron a actuar con él de esa manera (Sal. 51:6). Me doy cuenta de que mi hijo ya es una persona adulta, y yo debería haber terminado mi labor como educador hace tiempo.

Estoy listo para establecer límites adecuados ahora mismo y necesito que Tú me des la fuerza para hacerlo. Creo que cuando yo haga mi parte, mi hijo empezará a seguir el ejemplo del apóstol Pablo que nunca era perezoso cuando estaba en casa ajena ni aceptaba comida sin pagar por ella, y trabajaba día y noche para no ser una carga para nadie (2 Ts. 3:7-8). Declaro por fe que mi hijo llegará a tener madurez emocional, financiera y espiritual, y que su vida te traerá honra y gloria. En el nombre de Jesús. Amén.

Me agota cuidar de mis padres ancianos

✝ Señor, te doy las gracias por mis padres, a quienes escogiste para traerme al mundo. Sé que nunca podré pagarles por todos los sacrificios que han hecho por mí durante toda su vida. Por supuesto, tu Palabra dice que te complace mucho que los hijos asuman la responsabilidad de apoyar a los padres necesitados, porque la piedad debería empezar en casa (1 Ti. 5:4).

Padre, encomendaste a tus hijos que honraran a sus padres, y que como recompensa les darías una vida larga (Ef. 6:2-3). Quiero seguir honrando a mis padres ofreciéndoles el mejor cuidado posible. No obstante, Señor, la enormidad de esta responsabilidad me sobrepasa física y emocionalmente.

Ayúdame a pasar el tiempo esperando en tu presencia para que renueves mis fuerzas (Is. 40:31). Muéstrame una forma más eficaz de cumplir con mi deber como cuidador o guardián. Dame la sabiduría de descansar y desahogarme adecuadamente para que Satanás no utilice mi fatiga para hacer que me vuelva impaciente y poco cariñoso con mis padres.

Gracias por ser mi Padre celestial que siempre está conmigo y que nunca me desamparará ni me dejará (Heb. 13:5). En el nombre de Jesús. Amén.

Parte 5

Oraciones para crisis de relaciones

Quiero casarme ahora

✚ Padre, tu Palabra dice que me deleite en ti, y que Tú concederás las peticiones de mi corazón (Sal. 37:4).

Deseo una pareja llena del Espíritu. Quiero que mi conducta te honre, mientras espero por el momento y la elección correcta. Dame la fuerza, mediante el poder del Espíritu Santo, para hacer morir las obras de la carne (Ro. 8:13) y evitar la fornicación porque tu Palabra declara que cada hombre debería tener su propia mujer, y cada mujer su propio marido (1 Co. 7:2).

Muéstrame la forma de practicar tu tipo de amor incluso ahora que soy soltero. Ayúdame a ser sufrido, benigno, a no envanecerme ni irritarme, a no guardar rencor y a no gozarme de la injusticia sino de la verdad (1 Co. 13:4-6).

Examíname, Padre, y conoce mi corazón. Señálame cualquier cosa que pueda ofenderte (Sal. 139:23-24). Ayúdame a abandonar mis hábitos destructivos, mis ideas impías, mi bagaje emocional y todo comportamiento que amenace la felicidad de la unidad de mi matrimonio futuro.

No dejes que espere que esa persona me complete de formas que solo Tú puedes hacer. Enséñame a ser completo y a estar satisfecho contigo y solo contigo. Haz que no me canse de esperar porque sé que en el momento adecuado harás que mi matrimonio sea un hecho (Gá. 6:9). En el nombre de Jesús. Amén.

Estoy enamorado de la persona equivocada

✚ Padre, en mi interior sé que _____ no es la persona que has escogido como pareja de mi vida. Sin embargo, deseo estar con él/ella de todas formas. Sé que puedes redirigir mis emociones porque incluso el corazón del rey está en tu mano, y a todo lo que quieres lo inclinas (Pr. 21:1). Señor, te pido que rompas el lazo emocional que hay entre _____ y yo, y que destruyas esta unión inadecuada.

Quiero amar solo a la persona que has escogido para mí. Ayúdame a prestar más atención a mis valores e inseguridades, y a rechazar todo lo que causa esa atracción por la persona equivocada. No quiero ser simple o utilizar criterios mundanos para evaluar a mi posible pareja. Haz que preste atención a las señales de advertencia que estás intentando mostrarme y a no racionalizarlas.

Dame el deseo de buscar primero tu reino y tu justicia para que todo lo demás venga por añadidura (Mt. 6:33). Enséñame a esperar con paciencia por ti, porque Tú me darás todo lo que necesite en el momento que lo consideres adecuado (Sal. 37:7). En el nombre de Jesús. Amén.

Estoy tentado a tener sexo sin estar casado

✚ Señor, me siento tentado a practicar el sexo fuera del matrimonio. Tú me has advertido en contra de proveer para los deseos de la carne y de crear un ambiente que me lleve a involucrarme en tal tipo de pasiones (Ro. 13:14). Sí, sé que mi cuerpo es el templo del Espíritu Santo y que te pertenece a ti. Deseo sinceramente honrarte con mi cuerpo (1 Co. 6:19-20).

Enséñame a hacer morir lo terrenal, lo pecaminoso que acecha dentro de mí y a no tener nada que ver con los pecados sexuales, la impureza y la lujuria (Col. 3:5).

Confío en tu Palabra que declara que Tú eres fiel, que no permitirás que sea tentado más allá de mi capacidad para resistir y que con todo tipo de tentación también me ofrecerás una salida para que yo no caiga (1 Co. 10:13). Te doy las gracias por la fortaleza que me ofreces para poder tomar esa salida. Por fe me considero muerto al pecado sexual y capaz de vivir para tu gloria (Ro. 6:11), mientras espero que me reúnas con la pareja que has elegido para mí. En el nombre de Jesús. Amén.

Alguien ha traicionado mi confianza

Oh, Dios, confié en _____, y ha traicionado mi confianza. Me siento herido, utilizado,
triste y furioso por su comportamiento engañoso.

Sé que Jesús sufrió la traición final a manos de Judas
Iscariote (Jn. 6:71), sin embargo, esto no le impidió seguir
amando a los demás y cumplir con su propósito. Déjame
responder de la misma manera. No permitas que esta
traición provoque mi aislamiento o me haga sospechar de
la sinceridad de todos. No deseo permitir que brote una
raíz de amargura que me contamine a mí y a los que me
rodean (Heb. 12:15). Elimina de mí todo deseo de venganza por este motivo y de pagar mal por mal (1 Ts. 5:15).

Ayúdame a saber discernir mejor y a ser más sabio en
mis relaciones. En el esquema general de mi vida, tienes
un buen propósito para permitir que esto pase (Ro. 8:28).
Me someto a tu plan soberano.

Señor, eres el que obra en mí tanto el querer como el
hacer por tu buena voluntad (Fil. 2:13). Concédeme el
deseo y la fortaleza para liberar a _____ de
esta ofensa y perdonarlo completamente. En el nombre
de Jesús. Amén.

Necesito superar el rechazo

✚ Padre, ya sabes el dolor que siento porque
_____ me ha rechazado. A pesar del
daño emocional, permíteme revisar honestamente
los aspectos de mi comportamiento que pueden haberme
conducido hasta este rechazo. Quieres que sea sincero
conmigo mismo (Sal. 51:6), así que ayúdame a aceptar mi
cuota de responsabilidad en esta situación. No obstante,
ayúdame a comprender que los rechazos de los demás a
veces pueden ser la manera que tienes de protegerme de
mayores daños en el futuro. Te confío todas mis relaciones, Padre.

Tomo mi escudo de fe y apago todos los dardos de
fuego del rechazo (Ef. 6:16). No traspasarán mis emociones. No responderé a este rechazo con amargura, pena por
mí mismo o cualquier otra emoción negativa que pueda
estropear mi futuro. Responderé de la misma manera
que mi Salvador, que fue despreciado, desechado y ex-
perimentó quebranto (Is. 53:3), no obstante perdonó a
sus ofensores porque sabía que su rechazo servía a un
propósito más grande.

Dame la sabiduría para percibir que mi mercancía es
buena (Pr. 31:18); que todavía puedo aportar algo de valor
en las relaciones. Gracias, Padre, por adoptarme en tu
familia y aceptarme en el Amado (Ef. 1:6). En el nombre
de Jesús. Amén.

He sido acusado falsamente

✚ Padre, he sido acusado falsamente. Sé que la mentira se originó con Satanás porque él es padre de mentira (Jn. 8:44). También sé que Tú tienes el poder para exculparme y silenciar los labios mentirosos (Sal. 31:18). No dejes que me expongan a la vergüenza, oh, Señor, yo clamo a ti. Sean avergonzados los impíos, y que sus labios mentirosos enmudezcan (Sal. 31:17-18). Que sus palabras mentirosas pierdan fuerza y no encuentren campo fértil.

Confío en tu promesa que declara que ninguna arma forjada contra mí prosperará, y que condenarás toda lengua que se levante contra mí. Sí, ser exculpado por ti es uno de los beneficios extras que disfruto por ser tu siervo (Is. 54:17).

Señor, no me dejes nunca ser un testigo falso porque sé que esto no quedará sin castigo (Pr. 19:9). Tu Palabra dice que dentro de tu casa no habitará el que haga fraude; ni el que hable mentiras se afirmará delante de tus ojos (Sal. 101:7). Quiero presentarme ante ti con las manos limpias y el corazón puro. Como Jesús cuando fue acusado falsamente, me niego a tomar represalias. Pongo esta situación completamente en tus manos. Excúlpame, Padre. En el nombre de Jesús. Amén.

Estoy ofendido

✚ Señor, estoy enojado y ofendido por las palabras y las obras de _____. Tu Palabra dice: "La cordura del hombre detiene su furor, y su honra es pasar por alto la ofensa" (Pr. 19:11). Sin embargo, también dice: "Si tu hermano peca contra ti, ve y repréndele estando tú y él solos" (Mt. 18:15).

Necesito que me ayudes a determinar si debo pasar por alto esta situación o enfrentarme a ella. De cualquier manera, mi petición más urgente en este momento es que me ayudes a perdonar rápido. No me dejes caer en la trampa de la ofensa de Satanás al dejar que brote una raíz de amargura contra _____ (Heb. 12:15-16).

Déjame dar a _____ el beneficio de la duda porque puede que no sea consciente de cómo me afectaron sus palabras. Si deseas que me enfrente a él/ella en lugar de pasar por alto su ofensa, haz que hable con tus palabras, porque las palabras que salen de tu boca no regresan a ti vacías. Cumplen tus propósitos y prosperan cuando las envías (Is. 55:11). Permite que mi ofensor sea receptivo a tus palabras y permítenos en consecuencia caminar en armonía.

Enséñame a ser tan seguro en mi relación contigo que las palabras del hombre no traspasen mi mente o mis emociones. En el nombre de Jesús. Amén.

No debería haber dicho eso

✚ Señor, ese pequeño organo revoltoso de mi cuerpo me ha metido de nuevo en problemas. Tu Palabra dice que nadie puede domar la lengua, y que es un mal que no puede refrenarse, lleno de veneno. A veces la utilizo para bendecirte y otras para maldecir a los que están hechos a semejanza tuya (Stg. 3:7-10). Perdóname, Padre, por no permitirte controlar mi lengua. Enséñame a detenerme, pensar y orar antes de hablar. Ayúdame a darme cuenta de que aunque ningún *hombre* puede domar la lengua, lo que es imposible para los hombres es posible para ti (Lc. 18:27). Sé que las palabras negativas nunca mueren, sino que se quedan alojadas como metralla en la mente del que las escucha. No obstante, tienes el poder de cancelar los efectos dañinos de las palabras imprudentes que he dicho. Permíteme ser rápido ofreciendo una disculpa sincera y sentida.

Como mis palabras son la forma de expresar mis pensamientos, someto todos mis pensamientos a ti, Padre. Ayúdame a pensar en todo lo verdadero, honesto, justo, puro, amable y todo lo que es de buen nombre (Fil. 4:8). Al hacerlo, sé que las palabras de mi boca y la meditación de mi corazón te serán gratos (Sal. 19:14). En el nombre de Jesús. Amén.

El chismorreo se está afianzando en mi vida

✚ Señor, tener conversaciones sobre los asuntos personales de otras personas se está convirtiendo en una tentación para mí. Muéstrame qué le falta a mi vida para que me interese tanto o encuentre tanto placer en comentar los fracasos, las debilidades o los asuntos privados de otras personas. Tu Palabra advierte que en el día del juicio final debo dar cuentas, y lo que diga ahora determinará mi destino entonces, porque por mis palabras seré justificado, y por mis palabras seré condenado (Mt. 12:36-37).

Ayúdame a evitar a los que hablan demasiado, cuentan secretos y traicionan la confianza de los demás (Pr. 20:19), porque las malas compañías corrompen las buenas costumbres (1 Co. 15:33, NVI).

No dejes que cubra el chismorreo con el disfraz de una petición de oración cuando, en realidad, lo estoy haciendo para extender los rumores sobre los asuntos privados de una persona y captar la atención. No quiero recoger chismes sobre mi propia persona, así que ayúdame a no sembrarlos, porque sé que todo lo que siembre, eso segaré (Gá. 6:7).

Fortaléceme para que asuma la autoridad sobre mi lengua indisciplinada. Decreto que las palabras de mi boca y la meditación de mi corazón te serán gratas. Oh, Señor, roca mía y redentor mío (Sal. 19:14). En el nombre de Jesús. Amén.

Tengo que establecer límites

✚ Señor, me resulta difícil establecer límites en mis relaciones; en consecuencia, mi vida está desequilibrada. A menudo siento resentimiento hacia las personas que sobrepasan mis límites, aunque no soy muy bueno a la hora de dejar claro cuáles son.

Me doy cuenta de que actúo como las personas del mundo que dicen sí cuando en realidad quieren decir no (2 Co. 1:17). Deseo seguir el modelo de comportamiento de Jesús que nunca vaciló entre el sí y el no (2 Co. 1:19). Ayúdame a ver que incluso Tú, Padre, tienes límites y consecuencias respecto al comportamiento que toleras en tus hijos, a tal punto, que declaras que el alma que pecare morirá (Ez. 18:20).

Te pido que me des valor para hablar claro y enfrentarme a las personas rápido, en privado y cara a cara —tal como Tú ordenaste— cuando traspasan mis límites (Mt. 18:15). Ayúdame a clarificar lo que soporto y lo que no toleraré. Enséñame a articular mis deseos y preferencias sin temor al rechazo o al aislamiento.

Ayúdame a servir y dar a los demás sin fingimiento, y no por el deseo de ser amado y aceptado (Ro. 12:9). En la autoridad de tu Palabra, ordeno al espíritu de temor, que me ha impedido establecer límites, que se vaya. Pongo en ti mi confianza; por lo tanto, no temo lo que el hombre pueda hacerme (Sal. 56:11). En el nombre de Jesús. Amén.

Tengo el corazón destrozado

✚ Señor, estoy destrozado y muy triste por el fracaso de mi relación con _____. Tu Palabra dice que estás cerca de los quebrantados de corazón y salvas a los contritos de espíritu (Sal. 34:18). Necesito aliviar mi pena ahora. Confío en tu promesa de cambiar mi lloro en gozo, de consolarme y de alegrarme (Jer. 31:13).

Tú has permitido que esta situación se produzca de esta manera, y acepto tu soberano plan para mi vida. Tú, Señor, eres mi fuerza y mi escudo; mi corazón confía en ti. Por lo tanto, mi corazón se goza, y con mi canto te alabo (Sal. 28:7). Ayúdame a no entristecerme y a pensar que tu voluntad se está cumpliendo. Tu Palabra dice que un corazón alegre hermosea el rostro, mas por el dolor del corazón el espíritu se abate (Pr. 15:13). No puedo cumplir con tu voluntad con un espíritu abatido; así que por tu gracia me libero de la rabia, el resentimiento y cualquier emoción negativa asociada con este dolor.

Te doy las gracias por adelantado por darme gloria en lugar de ceniza, óleo de gozo en lugar de luto, y manto de alegría en lugar de espíritu angustiado (Is. 61:3). En el nombre de Jesús. Amén.

*Alguien a quien quiero ha muerto**

✝ Oh, Señor, ¡cuánto te necesito en estos momentos de tristeza! Tu Palabra declara que toda persona tiene un tiempo *establecido* para morir (Heb. 9:27). Sé que Tú tienes todo el control, y nada sucede que no permitas. Por lo tanto, te pido que me ayudes a aceptar tu decisión de permitir que _____ falleciera en este momento.

Señor, te doy las gracias por ser mi fortaleza en este día de angustia (Nah. 1:7). Que tu misericordia me consuele ahora, conforme a lo que me has dicho (Sal. 119:76). Ayúdame a ser una fuente de ánimo y de consuelo para los demás que también están sufriendo esta pérdida. No dejes que Satanás nos atormente con remordimientos de lo que hicimos o no hicimos por _____ mientras vivía. Tengo fe en que él/ella esté ante ti y que nos reuniremos por toda la eternidad cuando Jesús regrese en su segunda venida (1 Ts. 4:13-18).

Ahora, Señor, enséñanos a los que permanecemos aquí a pensar en nuestra propia mortalidad y en la brevedad de la vida para que podamos traer a nuestros corazones sabiduría sobre cómo hemos de pasar nuestros días aquí en la tierra (Sal. 90:12). En el nombre de Jesús. Amén.

*Se puede modificar para orar por familiares y amigos que han perdido a un ser querido.

Debo evaluar mis expectativas

Señor, no han cumplido con mis expectativas ciertos miembros de mi familia, amigos, compañeros de trabajo, socios de negocios u otras personas con las que tengo relación. Cuando ellos no han podido cumplir con mis criterios de actuación, a menudo he reaccionado con impaciencia o rabia, he dejado de hablarles o me he comportado de otras formas que no dan honor a tu nombre. Vengo a ti porque necesito sabiduría sobre qué expectativas abandonar y a cuáles aferrarme con más fuerza. Tú prometiste darme sabiduría en abundancia cuando te la pidiera (Stg. 1:5). Pongo todas mis expectativas ante ti ahora. Muéstrame el equilibrio.

Por favor, no permitas que el temor al rechazo o a una respuesta negativa me impidan expresar las expectativas adecuadas. Sé que está bien esperar que mi cónyuge me ame y me respete, esperar que mis hijos se sometan a mi autoridad, esperar que mi jefe me proporcione un lugar de trabajo sano y que me pague un sueldo justo, y esperar que mis amigos sean leales y me apoyen. Sin embargo, no lo tengo tan claro respecto a mis preferencias personales, al querer que los demás cumplan con mi forma tradicional de pensar y hagan las cosas a mi manera. Ayúdame a llegar al punto de poder decir: "Alma mía, en Dios solamente reposa, porque de él es mi esperanza" (Sal. 62:5). Deseo poder esperar más de ti y menos de las personas, porque Tú eres el Dios de toda carne, y nada es demasiado difícil para ti (Jer. 32:27). En el nombre de Jesús. Amén.

No puedo olvidar un daño

✝ Padre, _____ me ha hecho mucho daño. Tú me pides que lo perdone porque si no Tú no perdonarás mis ofensas (Mt. 6:15). Ya habías visto que esto iba a suceder mucho antes de que ocurriera y, en tu infinita sabiduría, permitiste que pasara. Por lo tanto, sé que harás que sea para mi bien porque te amo y he sido llamado conforme a tu propósito (Ro. 8:28).

Por propia voluntad, libero a _____ de esta ofensa y lo libero de toda obligación, incluso de la de pedirme perdón. Tu Palabra dice que aun si _____ peca contra mí setenta veces siete (490) veces al día, debo perdonarlo (Mt. 18:21-22). Pero, Padre, sabes que ahora no podría hacer esto por mí mismo. Necesito tu divina fortaleza.

Te pido que cures el daño emocional producido por esta herida y que no deje cicatriz en mi corazón. Abandono mi deseo de vengar este mal porque Tú dijiste que la venganza te pertenece y que pagarás a los que se lo merezcan (Ro. 12:19). Ayúdame a entender que el perdón es obligatorio, pero que la reconciliación no lo es en ciertas circunstancias.

Te doy gracias por la lección que voy a aprender de esta situación y por la madurez que experimentaré por conceder el perdón ahora. En el nombre de Jesús. Amén.

Necesito un sistema de apoyo

Padre, confieso que no he desarrollado un sistema de apoyo sólido y lo necesito desesperadamente. Tu Palabra dice que si quiero tener amigos, tengo que mostrarme amistoso (Pr. 18:24). Me arrepiento de estar muy ocupado, de mostrarme muy distante o de no permitir que otros confíen en mí y, por lo tanto, no ser capaz de desarrollar relaciones de apoyo. Necesito que me rodees de personas de fiar que no solo me ayuden a sobrellevar mis cargas, sino que también me hagan ser espiritualmente responsable. Dales el valor de decirme la verdad sobre mí y permíteme estar receptivo a sus palabras, porque dijiste que fieles son las heridas del que ama (Pr. 27:6).

Rechazo la idea de no necesitar a nadie en mi vida. Tu Palabra nos advierte que dos son mejor que uno porque una persona que está sola puede ser atacada y derrotada, pero dos pueden resistir y vencer (Ec. 4:9, 12). Por favor, envíame algunos buenos amigos que me amen siempre, esos que son como hermanos en tiempo de angustia (Pr. 17:17). Ayúdame a recordar que tus hijos tienen que sobrellevar *unos* las cargas *de los otros* (Gá. 6:2). Por lo tanto, ayúdame a apartar de mí el egoísmo y aprender a proporcionar apoyo mutuo. En el nombre de Jesús. Amén.

Necesito liberarme de la intolerancia

✚ Padre, confieso que he sido intolerante con aquellos que difieren respecto a mi religión, raza o idea política. Entiendo que según tu Palabra, Tú amas a todos los hombres de la misma manera, y que no hay acepción de personas para ti (Ro. 2:11).

Aunque deseo renunciar a mis prejuicios, mi forma de pensar está firmemente enraizada. Necesito que me transformes renovando mi entendimiento para que pueda probar tu buena, perfecta y agradable voluntad (Ro. 12:2).

Gracias, Padre, por darme el deseo de cambiar porque eres el que obra en mí tanto el querer como el hacer por tu buena voluntad (Fil. 2:13). Dame el valor para dejar de relacionarme con aquellos que me animan a perpetuar mis prejuicios, porque tu Palabra declara que las malas compañías corrompen las buenas costumbres (1 Co. 15:33, NVI).

Perdóname por todo daño, perjuicio o aflicción que he causado a otros con mi parcialidad. Por tu gracia, decreto que haya en mí el sentir que hubo en Cristo para toda tu creación (Fil. 2:5). En el nombre de Jesús. Amén.

■ Parte 6

Oraciones para crisis financieras, de negocios o legales

Cuanto más tengo, más quiero

Señor, has sido un Padre fiel y provees para todas mis necesidades. El problema es que mis ojos nunca están satisfechos (Pr. 27:20). La emoción que siento al comprar algo nuevo es fugaz; la satisfacción se me olvida. Tu Palabra advierte que el que ama el dinero nunca tiene dinero suficiente, y el que ama la riqueza nunca está satisfecho con sus ganancias (Ecl. 5:10). Señor, no quiero vivir de una forma tan vana. Quiero mirar y guardarme de toda avaricia y evitarla para que mi vida no consista en la abundancia de los bienes que poseo (Lc. 12:15).

Quiero ser modelo de rectitud y contentamiento; esta es una combinación positiva. Ayúdame a contentarme cualquiera que sea la situación en la que me encuentre y a estar feliz teniendo poco o mucho (Fil. 4:11).

Me doy cuenta de que no es tu voluntad que yo sea una reserva de tu abundancia, sino un canal a través del cual puedes bendecir a otros. Ayúdame a entender que la riqueza sin propósito es simplemente materialismo. Recuérdame a menudo que Tú me das mucho para que yo pueda dar mucho a los demás (2 Co. 9:11). Por tu gracia, me centraré en enriquecer a otros en lugar de querer más y más. En el nombre de Jesús. Amén.

Me siento tentado a gastar de forma imprudente

Padre, me acerco confiado a tu trono para pedirte ayuda en este momento en el que me siento tentado a gastar de forma imprudente (Heb. 4:16). Tu Palabra me recuerda que las tentaciones que vienen a mi vida no son distintas a las que sufren otras personas. Pero Tú eres un Dios fiel. Impedirás que la tentación se vuelva tan grande que yo sea incapaz de resistirla. Prometiste mostrarme el modo de escapar, así que no caeré en ella (1 Co. 10:13).

Déjame desear solo esas cosas que deseas para mí. Quiero glorificarte con mis finanzas. Deseo ser un buen administrador de los recursos que me has confiado. Entiendo que si no soy de fiar respecto a la riqueza terrenal, no podrás confiarme las verdaderas riquezas del cielo (Lc. 6:11).

Sé que conseguiré abundancia y libertad financiera cuando sea capaz de abandonar esta y otras compras imprudentes. Haz que sea capaz de obedecerte ahora no realizando este gasto. Te doy las gracias por la victoria. En el nombre de Jesús. Amén.

No llego a fin de mes

Padre, me gozo en la verdad de saber que suplirás todas mis necesidades conforme a tus riquezas y tu gloria (Fil. 4:19) sin tener en cuenta mi sueldo u otras fuentes de ingresos. Necesito que esta verdad se manifieste ahora. No puedo llegar a fin de mes; no obstante, mis ojos están en ti, Padre. A los que te buscan, no les falta ningún bien (Sal. 34:10). Me resisto a la ansiedad sobre mi actual déficit de recursos. Tu Palabra dice que no debo preocuparme por nada, sino que te haga conocer mis peticiones en oración y ruego, con acción de gracias, y tu paz, que sobrepasa todo entendimiento, guardará mi corazón y mis pensamientos (Fil. 4:6-7). Te pido más fondos, menos gastos o cualquier cosa que cierre esta brecha en mis asuntos financieros.

Pido tu misericordia y perdón por cualquier desobediencia, deshonestidad, retraso o cualquier otra cosa que haya motivado esta situación en la que me encuentro. Enséñame a colocar siempre tus prioridades financieras por delante de mis deseos y preferencias porque tu Palabra declara que si quiero y oigo, comeré el bien de la tierra (Is. 1:19).

Rodéame del favor que prometiste a aquellos que en ti confían (Sal. 5:12). Creo en tu Palabra que dice que eres capaz de hacer las cosas mucho más abundantemente de lo que yo pida o entienda (Ef. 3:20). En el nombre de Jesús. Amén.

Libérame de las deudas

✝ Señor, tu Palabra advierte que el rico se enseñorea de los pobres, y el que toma prestado es siervo del que presta (Pr. 22:7). Perdóname por no estar atento a tus advertencias. Ahora soy siervo de varios acreedores. Acepto toda la responsabilidad del lío en que me encuentro. Confieso que no he podido retrasar la gratificación de mis deseos, he gastado de más y he desobedecido tus principios de cómo ser un buen administrador. Me arrepiento de todo mi comportamiento financiero irresponsable en el pasado.

Señor, necesito que me des el valor de enfrentarme a mis deudas, a ser honesto y ver cuál es mi estado financiero actual. No dejes que me engañe a mí mismo sobre cuál es el verdadero nivel de deudas que he acumulado. Deja que la integridad guíe mis acciones (Pr. 11:3) porque me comprometo a pagar a todo aquel al que debo, incluidos mis amigos y mi familia.

Señor, no quiero ignorar las maquinaciones de Satanás (2 Co. 2:11). Está intentando que siga atado financieramente; estoy pagando intereses exorbitantes y soy incapaz de financiar tu obra.

Por favor, pon en mi camino alguna persona que me ayude a idear y a llevar a cabo una estrategia para la eliminación de deudas. Ayúdame a dejar de realizar nuevos cargos a crédito. Libérame de gastar por razones emocionales. Solo Tú puedes hacer que yo me sienta completo. En el nombre de Jesús. Amén.

Los préstamos de estudio arruinan mi futuro

✚ Padre, quiero agradecerte que me hayas proporcionado fondos para mi educación mediante los
préstamos. Sé que he contraído una buena deuda al
pedir estos préstamos porque mi educación es un activo
permanente y mejorará mi habilidad para conseguir más
riqueza.

No obstante, me siento abrumado ante la idea de tener
que devolver tanto dinero. Tu Palabra declara que el impío
toma prestado y no paga (Sal. 37:21). No quiero deshon-
rar tu nombre o perjudicar mi futuro crédito no devol-
viendo esta deuda.

Ayúdame a ser diligente buscando todas las opciones
posibles a mi alcance, lo cual incluye la consolidación del
crédito, su refinanciación o incluso aceptar un trabajo en
los servicios sociales, médicos o de educación estatales
que reduzca o elimine los préstamos. Ayúdame a encontrar consejeros financieros adecuados que me ofrezcan
consejos útiles porque los pensamientos son frustrados
donde no hay consejo, mas en la multitud de consejeros
se afirman (Pr. 15:22).

Cuando haya agotado todas las posibilidades, ayúdame
a aceptar que la única manera de eliminar los préstamos es
realizar los pagos. Ayúdame a establecer un plan de pagos fac-
tible para eliminar esta deuda. Ayúdame a realizar los ajustes
necesarios en mi estilo de vida y a realizar pagos extra cuando
me bendigas con primas inesperadas u otro tipo de ingresos.

Bendíceme con un trabajo bien pagado para que los
pagos del préstamo no supongan una carga. En el nombre
de Jesús. Amén.

No tengo seguro

✚ Señor, contratar una póliza de seguro es demasiado caro para mi presupuesto. Por lo tanto, obro con fe y creyendo que no me sobrevendrá ningún mal ni ninguna plaga tocará mi morada, porque mandarás ángeles cerca de mí que me guarden en todos mis caminos (Sal. 91:10-11). Además, el seguro no protege contra accidentes o calamidades ya que Tú haces llover sobre justos e injustos (Mt. 5:45).

No obstante, no quiero ser presuntuoso o necio y estar sin protección, por eso vengo a ti en busca de guía. Ayúdame a ser un administrador sabio, porque tu Palabra dice que el avisado ve el mal y se esconde; mas los simples pasan y llevan el daño (Pr. 27:12). Sé que perder algo que no esté asegurado puede resultar financieramente devastador.

Guíame hacia un agente de seguros o un profesional de las finanzas honesto, cuidadoso y astuto que me ayude a determinar la cobertura mínima que debería contratar en un seguro de vida, discapacidad, automóvil, casa, médico o cualquier otro tipo. Muéstrame cómo debo establecer las prioridades de gasto, disminuir mis deducibles o inscribirme en un plan especial para poder conseguir los incentivos relacionados. Gracias por mostrarte fuerte en esta situación y proporcionar los fondos que necesito. En el nombre de Jesús. Amén.

He extraviado algo importante

Señor, me acerco confiado a tu trono de gracia buscando tu misericordia y gracia para que me ayudes a encontrar un objeto que he perdido o extraviado (Heb. 4:16). Me arrepiento de cualquier tipo de descuido o desorganización que haya podido provocar esto. Déjame aprender más sobre ti, mientras espero tu intervención y tu fuerza en este problema.

Qué reconfortante resulta darse cuenta de que todo lo sabes y nada se te puede ocultar. Tu Palabra dice que revelas lo profundo y lo escondido; conoces lo que está en tinieblas, y en ti mora la luz (Dn. 2:22).

Libero toda ansiedad y frustración. Acepto tu divino retraso o incluso la cancelación de mis planes porque creo que tienes un propósito más alto y mayor que el de que yo encuentre este objeto en este momento.

Dijiste que el Espíritu Santo me enseñará todas las cosas (Jn. 14:26). Ayúdame, Espíritu Santo, a recordar dónde puse la última vez ese objeto que he extraviado. Confío en tu Palabra y creo que no hay nada encubierto que no haya de ser manifestado ni nada oculto que no haya de saberse (Mt. 10:26).

Gracias por adelantado por ser un buen Padre que se preocupa por todo lo que se refiere a mí. En el nombre de Jesús. Amén.

Mi negocio está en declive

Padre, eres mi amparo y fortaleza, mi pronto auxilio en las tribulaciones (Sal. 46:1). Todo lo que tengo te pertenece; simplemente soy el administrador de este negocio. Muestra tu fuerza, Señor, y da la vuelta a esta situación. Tal como dijiste a tus discípulos en el negocio de la pesca que lanzaran de nuevo las redes para experimentar una gran pesca después de que ellos habían pasado la noche intentándolo sin suerte, dame instrucciones para que pueda experimentar resultados que "rompan la red" (Lc. 5:4-7). Nada es demasiado difícil para ti (Jer. 32:27). Eres el Dios de toda circunstancia y situación.

Ayúdame a confiar en ti de todo corazón y a no apoyarme en mi propia prudencia. Quiero reconocerte en todos mis caminos y que enderezes todas mis veredas; no me dejes ser sabio en mi propia opinión (Pr. 3:5-8). Haz que me rodee de buenos consejeros, porque los planes fracasan por falta de consejo y se afirman cuando hay muchos consejeros (Pr. 15:22). Revélame qué ajustes debo realizar en los productos, la política o el personal de la compañía para tener éxito. Dame el valor para llevar a cabo estos reajustes sin miedo.

Por encima de todo, Padre, deja que tu Palabra siempre sea el fundamento sobre el cual opere mi negocio. Me comprometo a que la justicia, la integridad, los productos de calidad y el buen servicio sean los valores centrales de esta empresa. Que tu nombre sea glorificado cuando los beneficios ayuden a edificar tu reino y a mejorar la calidad de vida de los demás. En el nombre de Jesús. Amén.

Alguien me debe dinero

✚ Padre, viste mi deseo de ofrecer ayuda a
_____ cuando le presté los fondos (o
le amplié el crédito). No sé lo que está sucediendo; sin
embargo, te pido que me dejes hacer con él/ella lo mismo
que me gustaría que hicieran conmigo en el mismo caso
(Mt. 7:12). Ayúdame a ser misericordioso y comprensivo
con las circunstancias que están fuera de su control y que
pueden ser la causa de que no cumpla con nuestro acuerdo.

Aunque tengo fe en que me pague, te pido que pre-
pares mi corazón para perdonar esta deuda de la misma
manera que perdonaste mis deudas de pecado y rebelión
contra ti (Mt. 6:12). Padre, echo sobre ti toda mi preocupación y ansiedad por esta situación porque Tú te pre-
ocupas por mí (1 P. 5:7).

Pero, Padre, si _____ realmente tiene
fondos disponibles y ha decidido no honrar la obligación
que tiene conmigo, te pido que le ayudes a darse cuenta
de que es impío tomar prestado y no pagar (Sal. 37:21).
Haz que se arrepienta para que Tú seas honrado y sus
futuras bendiciones no se vean perjudicadas. Ayúdame
a no permitir que esta situación me impida seguir pres-
tando mi ayuda a los demás en el futuro. Más bien, dame
corazón para perdonar y espíritu de discernimiento para
saber cuándo decir sí o no. En el nombre de Jesús. Amén.

Necesito liberarme de la atadura
de un contrato

✚ Padre, desde el principio de los tiempos, has exigido que cuando alguien te haga voto o juramento ligándose con obligación, no debe quebrantar su palabra, conforme a todo lo que dijo (Nm. 30:2). Está claro que debo honrar mis votos, juramentos y acuerdos, porque mi palabra —y mi firma— es mi atadura. No obstante, las circunstancias desde la fecha en que firmé cierto acuerdo han cambiado, o yo me he enterado de información que me demuestra que el contrato no me resulta ventajoso. Necesito liberarme de él. Sí, la otra parte tiene derecho a obligarme a cumplir el acuerdo; por lo tanto, necesito su misericordia y favor.

Padre, he hecho todo lo posible para estar a bien contigo; no obstante reclamo tu promesa de que me rodearás de tu favor como si fuera un escudo (Sal. 5:12). Te pido que vayas por delante de mí, preparando el corazón de la otra parte y que le hagas receptivo a mis propuestas de cancelación. Perdóname por no haber sido más minucioso al principio ni haber revisado mejor los términos, o por no haber buscado a alguien que me aconsejara sobre todas las posibles ramificaciones del contrato. No quiero que esta situación deshonre tu nombre. Por lo tanto, haz que la otra parte entienda y acepte mi justificación para desvincularme del contrato. Gracias por tu intervención sobrenatural en esta situación. En el nombre de Jesús. Amén.

Necesito capital para mi negocio

✚ Señor, te agradezco mucho que me hayas dado el valor de saltar fuera de mi zona de comodidad para implicarme en este negocio. Reconozco que toda idea o invento ingenioso sale de ti (Pr. 8:12).

Ahora, Señor, necesito desesperadamente capital financiero para seguir avanzando en este negocio. Los bancos y otras formas tradicionales de financiación no están disponibles; sin embargo, mis ojos están en ti: Dios proveerá (Gn. 22:14). Tú puedes proveer más abundantemente de lo que yo pueda pedir o entender (Ef. 3:20). Por lo tanto, te pido que me envíes inversores generosos y honestos que entiendan que el propósito de la riqueza es confirmar tu pacto en la tierra (Dt. 8:18) y se adhieran a la visión que me diste para esta empresa. Permíteme ser un administrador de tus finanzas sabio y fiable.

Ayúdame a rodearme de personas de negocios experimentadas y escuchar sus consejos porque tu Palabra dice que los planes se frustran donde no hay consejo, mas en la multitud de consejeros se afirman (Pr. 15:22).

Padre, oro para que seas glorificado por todas las prácticas y políticas de mi compañía, y que tu propósito prevalezca en cada decisión. En el nombre de Jesús. Amén.

No tenemos casa

✝ Señor, necesitamos una casa. Tu Palabra declara que si buscamos el reino de Dios, todas las demás cosas se nos darán por añadidura (Lc. 12:31). Al igual que cuando tocaste el corazón del posadero para que diera alojamiento a José y María en momentos de necesidad, cuando todas las puertas se les cerraron (Lc. 2:1-7), oro para que conmuevas el corazón de alguien para que nos abra las puertas o nos proporcione los fondos para conseguir un lugar seguro donde vivir.

Señor, creemos que nuestra situación es solamente temporal, y que a su debido momento, nos bendecirás mucho más abundantemente de lo que pedimos o entendemos (Ef. 3:20) porque te complace dar cosas buenas a tus hijos (Mt. 7:11). Oramos para que bendigas por adelantado a aquellos que muestren su bondad hacia nosotros en estos momentos de necesidad. Tu Palabra declara que el que da al pobre a ti te presta, y que Tú se lo volverás a pagar (Pr. 19:17). Pedimos que les devuelvas multiplicada por cien su generosidad.

Perdónanos por cualquier mala decisión que hayamos tomado y que nos haya conducido a esta situación. Concédenos misericordia y enséñanos a ser buenos administradores de tu dinero y de nuestras relaciones con los demás, porque siempre hay un amigo que es como un hermano en tiempo de angustia (Pr. 17:17). En el nombre de Jesús. Amén.

Estoy pensando en declararme en bancarrota

✚ Señor, estoy en un apuro porque no puedo cumplir con mis obligaciones financieras en el plazo
debido. Me doy cuenta de que cuando incurrí en
estas deudas, hice un voto implícito de pagarlas y, por lo
tanto, ahora debo hacer todos los esfuerzos posibles para
mantener mi promesa y pagar lo que debo. Tu Palabra
declara que vivir de crédito y no pagar las deudas es de
impíos, porque ellos toman prestado y no pagan. (Sal.
37:21).

No quiero utilizar la bancarrota como sistema de arre-
glo rápido para evitar la responsabilidad de solucionar el
problema de mis deudas. Concédeme un milagro como
hiciste con la viuda que no podía pagar las deudas de su
esposo fallecido y salvó a sus hijos de que los acreedores
los tomaran como siervos (2 R. 4:1-7). Sé que mi testimonio cristiano está en entredicho porque la mayoría de las
personas considera la bancarrota como prueba de irres-
ponsabilidad financiera. Ayúdame a realizar los ajustes ra-
dicales necesarios en mi estilo de vida y a comprometerme
con tus prioridades financieras. Déjame que me declare en
bancarrota solo si esta situación se debe a circunstancias
que están fuera de mi control. Si no es así, te pido que me
rodees de tu favor (Sal. 5:12) cuando contacte con todos
mis acreedores y negocie con ellos un pago por el saldo
pendiente. En el nombre de Jesús. Amén.

Voy a juicio

✚ Padre, el asunto legal que tengo que afrontar debe decidirse en los tribunales. No pongo la fe en mi abogado, en la composición étnica, o el sexo del jurado o en la reputación del juez, porque todos ellos son vasijas en tus manos. Decreto confiadamente que habrá una decisión favorable para mí, porque al que está contigo lo rodeas de tu favor como un escudo (Sal. 5:12). Te pido que reveles todos los secretos de este asunto; conoces lo que está en tinieblas porque en ti mora la luz (Dn. 2:22).

Tu Palabra dice que aborreces al testigo falso que habla mentiras (Pr. 6:16, 19). Ato a cualquier espíritu mentiroso que se presente en este caso. Decreto que todo testimonio de la defensa *y* de la acusación contará la verdad. Según tu Palabra, ninguna arma forjada contra mí prosperará, y condenarás toda lengua que se levante contra mí en juicio. Esta es la herencia por ser tu siervo, de ti vendrá mi salvación (Is. 54:17). Tú haces justicia y derecho a todos los que padecen violencia (Sal. 103:6). Te honro, Padre, como Juez último e imparcial. No hay parcialidad en ti ni acepción de personas; el que hace injusticia recibirá la injusticia que hiciere (Col. 3:25). Por lo tanto, descanso con la seguridad de tu Palabra y espero un resultado positivo. En el nombre de Jesús. Amén.

Parte 7

Oraciones para crisis en los estudios y en el trabajo

Necesito gracia para aprobar un examen

Oh, Dios, qué paz y confianza da saber que eres omnisciente y que ninguna pregunta puede desconcertarte. Por eso, me acerco confiado al trono de tu gracia para alcanzar misericordia y hallar gracia para ayudarme a aprobar este examen tan importante (Heb. 4:16). Sí, yo pongo todo de mi parte estudiando, pero no confío en mí mismo para conseguir un resultado positivo porque tu Palabra dice que el que confía en su propio corazón es un necio (Pr. 28:26).

Mis ojos están puestos en el Espíritu Santo para que me enseñe todo lo que no sé y me haga recordar todo lo que he estudiado (Jn. 14:26). Te alabo, Padre, porque das sabiduría a los sabios y la ciencia a los entendidos. Revelas lo profundo y lo escondido; conoces lo que está en tinieblas, y en ti mora la luz (Dn. 2:21-22). Tengo fe en que revelarás las respuestas de cualquier parte del examen en el que yo me encuentre en tinieblas.

Te doy gracias y te alabo por adelantado, oh, Dios, por darme sabiduría y fuerza, y por revelarme ahora las respuestas del examen (Dn. 2:23). Te doy toda la gloria y resistiré cualquier tipo de orgullo por esta victoria. En el nombre de Jesús. Amén.

No me siento seguro en la universidad

✝ Padre, como el resto de los estudiantes, he venido a este lugar a recibir educación. Para ello, necesitamos poder asistir a clase sin miedo a que alguien sea violento con nosotros. Sé que Satanás, como un león rugiente, anda alrededor buscando a quién devorar (1 P. 5:8-9). Viene a robar, matar y destruir (Jn. 10:10). Sin embargo, con la autoridad de tu Palabra, echo al espíritu de violencia fuera de este campus. Decreto que Satanás no robará nuestras vidas, no matará nuestros sueños ni destruirá la reputación de esta institución con la violencia.

Te pido que toques y cures las mentes distorsionadas de los que quieren hacernos daño. Frustra sus planes, Padre. Haz que salga a la luz todo aquel que intente amenazar esta institución. Permite que la administración y las autoridades traten a cada uno de ellos de forma rápida e inteligente para que no se pierda ninguna vida. Pon a alguien en el camino de cualquier posible maltratador para que lo convenza de buscar ayuda profesional y espiritual.

Oro para que la potencial amenaza de violencia, en lugar de provocar ansiedad, haga que los estudiantes, el cuerpo docente, el personal de la administración y los padres se acerquen más a ti y aprendan a confiar en tu protección. Lo que Satanás pretende que sea para mal, transfórmalo en bien y haz que se produzca un avivamiento espiritual en esta universidad. En el nombre de Jesús. Amén.

Tengo que pronunciar un discurso

Padre, reconozco que eres el que suple todas mis necesidades (Fil. 4:19). En este momento, necesito valor y confianza. Tengo que hacer un discurso o presentación, y la ansiedad por mi habilidad para realizarlo bien está intentando invadir mi mente. Perdóname por albergar la idea de ser inadecuado cuando tu Palabra dice con claridad que mi competencia y capacidad no proviene de mí sino de ti únicamente (2 Co. 3:5-6).

Padre, aunque el Espíritu Santo me ayuda, entiendo que debo hacer mi parte preparando adecuadamente este compromiso que tengo. Quiero que mi presentación informe, inspire e impresione a la audiencia de forma duradera.

Gracias por esta oportunidad que me has dado de influir en los demás con mis palabras. Señor, dame tus palabras para hablar porque así cumplirán lo que tu quieres y producirán resultados positivos (Is. 55:11).

Gracias por la paz que me produce confiar en tus promesas. En el nombre de Jesús. Amén.

No me siento adecuado para esta tarea

Señor, me han asignado una tarea para la cual me siento totalmente inadecuado. Me doy cuenta de que esta es una gran oportunidad que me permite dejarte demostrar tu fortaleza en mi vida, porque tu poder se perfecciona en mis debilidades (2 Co. 12:9). Entiendo según tu Palabra que no soy competente por mí mismo para pensar algo como de mí mismo, sino que mi competencia proviene de ti (2 Co. 3:5). Por lo tanto, dejo de fijarme en mis limitaciones y me centro en ti, Padre omnisciente, omnipotente y omnipresente. Me libero de toda ansiedad que procede de esta tarea porque cuando Tú comienzas una buena obra en mí, eres fiel para terminarla (Fil. 1:6). No puedo fracasar.

Señor, enséñame a adquirir valor a través de los numerosos relatos de tus grandes proezas recogidas en la Biblia. Ayúdame a comprender que eres el mismo ayer, hoy y siempre (Heb. 13:8). Por lo tanto, así como diste poder a David para matar a Goliat, puedes ayudarme a vencer a cualquier gigante o realizar cualquier tarea que parezca insuperable. De hecho, soy más que vencedor a través de ti (Ro. 8:37).

Déjame elegir siempre estar conectado a ti. Tu Palabra declara que Tú eres la viña, y yo soy el pámpano, si permanezco en ti, llevaré mucho fruto porque separado de ti nada puedo hacer (Jn. 15:5). En el nombre de Jesús. Amén.

Perdí mi trabajo

✚ Señor, estoy realmente dolido y decepcionado por este despido. Ya sé que para ti no es una sorpresa porque Tú lo sabes todo. De hecho tu Palabra dice que en tu libro están escritas todas aquellas cosas que luego fueron formadas, sin faltar una de ellas (Sal. 139:16). Solamente puedo deducir que tienes mejores planes para mí; planes para ayudarme y no para herirme, planes de paz y no de mal para darme el fin que espero (Jer. 29:11).

Perdóname por considerar mi trabajo como si fuera una fuente, cuando en realidad solo es el canal de tu provisión para un momento concreto. Confío en ti. Sé que puedes favorecerme ante los hombres y abrirme puertas que nadie puede cerrar. Por lo tanto, no me preocuparé imaginando escenarios de posible desamparo; sé que están inspirados por Satanás. Declaro que suplirás todas mis necesidades conforme a tus riquezas en gloria (Fil. 4:19), como alternativa a mi salario.

Ayúdame a estar atento a tu voz cuando me dirijas hacia la siguiente tarea. Ya sea como empleado en una compañía o como jefe de mi propio negocio, de una cosa puedo estar seguro: no me desampararás ni me dejarás (Heb. 13:5). En el nombre de Jesús. Amén.

Mi jefe es insoportable

✝ Señor, te agradezco por tener un trabajo. Deseo obedecer tu mandato y someterme a los que tienen autoridad sobre mí, porque las autoridades existentes fueron establecidas por ti. Entiendo que si me rebelo contra la autoridad, me estoy rebelando contra lo que has instituido, y eso acarreará condenación para mí (Ro. 13:1-2). Sin embargo, mi jefe logra que obedecer este mandamiento sea muy difícil. Por lo tanto, traigo ante ti esta situación porque nada es demasiado difícil para ti (Jer. 32:27). Oro para que toques su corazón y salves su alma. Enséñale a tratar a las personas y a proceder con cuidado, tacto y sabiduría.

Examina mi corazón y ayúdame a ver si mi comportamiento contribuye de alguna manera a que él/ella me trate de esta forma tan injusta (Sal. 139:23-24). Ayúdame a no proyectar una actitud mala o insubordinada. Haz que sea un jugador de equipo, que haga mi trabajo con diligencia y que cumpla con todas las políticas y los procedimientos.

Haz que consiga el favor ante mi jefe y enséñame a aceptar sus decisiones sin convertirme en un cínico ni quejarme ante los demás. Deja que mi luz alumbre delante de él/ella para que vea mis buenas obras, y te glorifique (Mt. 5:16). En el nombre de Jesús. Amén.

No realizo bien mi trabajo

Padre, confieso que no llevo a cabo las tareas asignadas con diligencia y excelencia. Perdóname, Señor, por este testimonio de deshonor. Revélame la raíz de mi comportamiento: si es simple pereza, una sutil venganza por lo que considero injusticia de mis jefes, insatisfacción laboral u otras causas. Sé que ninguna de estas razones justifica mis actos, ya que tu Palabra dice que debería trabajar con corazón sincero porque trabajo para ti y no para los hombres, y sé que Tú me recompensarás (Col. 3:22-23).

De hoy en adelante, quiero ser un modelo de empleado. Ayúdame a sentirme satisfecho con este trabajo hasta que me conduzcas en otra dirección. Enséñame a comunicar con eficacia mis preocupaciones y deseos. Obra en mí el anhelo de satisfacer a mis superiores —aunque ellos no estén mirando (Ef. 6:5)— para hacer todo lo que me pidan, cumplir con las políticas de la empresa y hacerlo todo con una buena actitud. Deja que mi presencia sea una bendición para esta empresa así como bendijiste la casa de Potifar al poner a José a cargo de sus asuntos (Gn. 39:5). Me doy cuenta de que, como creyente confeso, toda acción que viene de mí exalta o denigra tu nombre ante el mundo que me rodea. Quiero que la realización de mi trabajo demuestre que tengo tu espíritu de excelencia. En el nombre de Jesús. Amén.

Estoy desbordado de trabajo

✚ Señor, tengo más trabajo del que puedo desempeñar. Tú dijiste que cuando estuviéramos trabajados y cargados acudiéramos a ti, y Tú nos harías descansar (Mt. 11:28). Sabes qué porción de este trabajo está bajo mi control y cuál no. Dame la sabiduría para evaluar todas mis responsabilidades y ser honesto conmigo mismo para averiguar por qué me encuentro en esta situación. Tu Palabra dice que no me afane por hacerme rico, que sea prudente y desista (Pr. 23:4). Muéstrame dónde puedo estar sacrificando mi paz, mi salud o mis relaciones en aras de conseguir más dinero. Si mi carga se debe a mi incapacidad para delegar adecuadamente, líbrame de este comportamiento destructivo. Ayúdame a seguir el consejo que Jetro le dio a Moisés en el desierto: delegar en otros los asuntos pequeños y tratar solo los más graves (Éx. 18:17-22).

Finalmente, si estoy sobrecargado de trabajo porque me he negado a pedir ayuda, o simplemente porque quiero sentirme un superhéroe, entonces cúrame de esta errónea manera de pensar. Ayúdame a mantener la perspectiva de la vida diariamente, a darme cuenta de que no hay nada mejor que disfrutar de los frutos de mi trabajo y encontrar satisfacción en él, porque este contentamiento procede de ti (Ec. 2:24). En el nombre de Jesús. Amén.

No puedo concentrarme

✚ Padre, mis pensamientos se escapan en todas direcciones, y no puedo centrarme en ninguna forma de actuar. Sé que esto es evidencia de que me estoy apoyando en mis propias capacidades y no soy capaz de reconocerte en todos mis caminos, porque si lo hiciera, Tú enderezarías todas mis veredas (Pr. 3:5-6). Perdóname si estoy tratando de elaborar una agenda de trabajo que no tiene su origen en ti. Enséñame a quedarme quieto y escuchar tu voz cuando dices: "Este es el camino, andad por él" (Is. 30:21).

Ayúdame a llevar cautivo todo pensamiento a la obediencia a Cristo (2 Co. 10:5). Pongo cualquier plan que tenga ante ti. Sé que al final, solo tu propósito prevalecerá (Pr. 19:21).

Por el poder del Espíritu Santo, miro hacia delante y fijo mis ojos en lo que hay ante mí. Seguiré tu ejemplo y haré que todos mis caminos sean rectos. Y no me desviaré ni a la derecha ni a la izquierda (Pr. 4:25-27). En el nombre de Jesús. Amén.

Mi subordinado no me respeta

✚ Padre, te agradezco que hayas confiado en mí para este puesto. Quiero honrarte siendo un líder fuerte y competente. Lo que me preocupa en este momento es que mi subordinado no respeta mi autoridad. Sé que si le permito continuar así, los demás empleados pueden intentar hacer lo mismo y perderme el respeto. Me siento herido, enojado y ofendido por sus actos. Según tu Palabra, debo reprenderlo en privado y personalmente (Mt. 18:15). Necesito tu sabiduría y valor para hacerlo. Pero antes de hacer esto, Padre, te pido que busques en mi corazón y me reveles de qué manera he podido fallar, decepcionar u ofender a esa persona. Tu Palabra me ordena que trate correctamente a los empleados y que deje las amenazas porque todos tenemos el mismo Señor en el cielo, que no tiene favoritos (Ef. 6:9).

Padre, Tú conoces los asuntos personales y profesionales, los fracasos y las decepciones que está sufriendo _____. Atráelo hacia ti y cura su pena. Ayúdame a demostrar mi preocupación sin comprometer los criterios de la empresa sobre cómo debe ser el protocolo adecuado entre los jefes y los subordinados. Dame el valor de tomar cualquier decisión que sea necesaria para resolver este problema haciendo lo que es correcto y no lo que es seguro o conveniente. En el nombre de Jesús. Amén.

Las políticas sucias amenazan mi vida profesional

✝ Padre, mis compañeros de trabajo se están poniendo en mi contra porque asciendo demasiado rápido.

Lo que no entienden es que mi vida laboral está en tus manos. Sé que tienes planes para mí; planes de prosperidad y no de mal, para darme el fin que espero (Jer. 9:11). Por lo tanto, ¿quién puede torcer tus propósitos? Cuando extiendes tu mano, ¿quién puede hacerla retroceder? (Is. 14:27).

Oro para que me concedas la gracia necesaria para responder a mis detractores de manera que honre tu nombre y realce mi testimonio para ti. Deja que la rabia y la amargura se alejen de mí. Ayúdame a recordar que ninguna arma forjada contra mí prosperará. Refutaré cualquier lengua que se levante contra mí en juicio —esta es mi herencia como hijo tuyo—; mi salvación vendrá de ti (Is. 54:17).

Ayúdame a ser como Daniel y a mantener una vida de devoción constante, a hacer mi trabajo lo mejor posible y a conservar una buena actitud en medio de políticas sucias ideadas para torcer mis ascensos (Dn. 6:1-24). Gracias, Padre, este ascenso no viene de oriente ni de occidente. Tú eres el juez; humillas a este y enalteces a aquel (Sal. 75:6-7). En el nombre de Jesús. Amén.

Alguien con poder quiere que comprometa mis valores

Señor, tu Palabra dice que la integridad de los rectos los encaminará (Pr. 11:3). Sabes que me he propuesto caminar con integridad en todos los aspectos de mi vida. Ahora _____ me ha pedido algo que exige que comprometa mis convicciones morales y transgreda tu Palabra. Dame la sabiduría y resolución de Daniel, que se propuso en su corazón no contaminarse con la porción de la comida del rey cuando se le pidió que lo hiciera (Dn. 1:8). Tu Palabra promete que con cada tentación proporcionas una vía de escape para que yo no tenga que sucumbir (1 Co. 10:13). Enséñame la manera de resolver este problema sin tener que pecar en tu contra.

Padre, no dejes que me apoye en mi propio conocimiento racionalizando opciones que no están totalmente en consonancia con tu Palabra, porque la obediencia parcial es desobediencia. Incluso si mi decisión trae como consecuencia que sea penalizado, despedido o aislado, por favor dame el valor suficiente para hacer lo correcto y escoger la opción que te honre.

En ti pongo mis ojos. Tú sabes librar de tentación a los piadosos (2 P. 2:9). Deja que la resolución de este asunto sea testimonio de tu bendición y fidelidad para los que confían en ti. En el nombre de Jesús. Amén.

Me discriminan

✝ Señor, tu Palabra dice que mostrar parcialidad o hacer acepción de personas no es bueno (Pr. 28:21). Sabes que _____ está intentando discriminarme por mi raza, sexo o edad. Está claro que a ti te desagrada ese comportamiento porque Tú no muestras favoritismos, sino que aceptas al que te teme y hace lo que es justo (Hch. 10:34-35). Por lo tanto, oro para que convenzas a todos los implicados en esta situación de discriminación. Deja que llegue a ellos el temor hacia ti; haz que me juzguen objetivamente, porque contigo no existe la injusticia ni la parcialidad (2 Cr. 19:7).

Ayuda a _____ para que vea que todos somos hijos tuyos, ovejas de tu prado, y que me has hecho tal como soy (Sal. 100:3), aunque sea distinto a lo que a él/ella le gusta. Haz que entienda que en tu reino, no importa si eres judío o gentil, si estás circuncidado o no, si eres un bárbaro o eres civilizado, esclavo o libre, o diferente de cualquier otro modo. Cristo es el todo y vive en todos nosotros (Col. 3:11).

Dame gracia para perdonar y extender tu amor a todo el que esté implicado en esta situación. Confío en tu Palabra que proclama que nadie puede torcer tus propósitos para mi vida (Is. 14:27). En el nombre de Jesús. Amén.

Quiero un ascenso

✚ Padre, tu Palabra dice que no debo mostrar ansiedad ante nada, sino que debo hacer conocer mis peticiones delante de ti en toda oración y ruego, con acción de gracias (Fil. 4:6). Mi petición es un ascenso en el trabajo. Me anima saber que este ascenso no viene de oriente ni de occidente. Tú eres el juez; humillas a una persona y enalteces a otra poniéndola en su lugar, según tu voluntad (Sal. 75:6-7).

Tú dijiste que no teníamos porque no pedíamos (Stg. 4:2). Cuando haga la petición, dame el valor suficiente y las palabras correctas para decírselo a mi jefe. Ayúdame a comentar objetiva y adecuadamente con él mi contribución a la empresa, mis logros, y el valor de mis conocimientos y actuaciones en lugar de exponerle mis necesidades financieras. Límpiame de motivos impuros al desear este ascenso; dices que pido mal cuando pido para gastar en mis deleites (Stg. 4:3).

Ayúdame a ser siempre como Daniel, trabajando lo mejor posible, siendo fiel, honesto, responsable y no dando ocasión a los enemigos que están esperando encontrar fallos en mi manera de actuar (Dn. 6:4-6). Por encima de todo, ayúdame a resistir el orgullo por ser ascendido. No permitas que me sienta abrumado por mis nuevas responsabilidades hasta el punto de descuidar la oración o la lectura de tu Palabra. En el nombre de Jesús. Amén.

Parte 8

Oraciones para crisis emocionales

La timidez arruina mi vida

✚ Padre, estoy cansado de estar siempre a un lado viendo a los demás conocerse y entablando relaciones beneficiosas unos con otros. Me imagino intentando conversar con otros, pero no sé qué decir. Ha habido momentos en los que tenía información importante y útil que compartir con los demás, pero no dije nada. Siento temor a hacer el ridículo, a no parecer inteligente, a recibir respuestas negativas de los demás. Señor, tu Palabra declara que Tú eres mi luz y mi salvación, ¿de quién temeré? Tú eres la fortaleza en mi vida, ¿de quién he de atemorizarme? (Sal. 27:1). Quiero empezar ahora a desechar pensamientos negativos y todo lo que se levante contra el conocimiento que tengo de ti, y llevar cautivo todo pensamiento a la obediencia a Cristo (2 Co. 10:5).

Señor, sé que no me has dado un espíritu de cobardía, sino de poder, de amor y de dominio propio (2 Ti. 1:7). Me doy cuenta de que si permito que la timidez me haga prisionero y me impida expresar lo que quiero decir y hacer, nunca seré el líder eficaz y asertivo que me formaste para ser. Por lo tanto, reclamo la promesa que le hiciste al temeroso Moisés: que estarías con su boca y le enseñarías lo que había de hablar (Éx. 4:12). En el nombre de Jesús. Amén.

Tengo pensamientos suicidas

✚ Señor, me presento ante ti desesperanzado y deses-
perado. Satanás ha puesto en mi mente pensamientos de terminar con mi vida. Aunque tu Palabra
advierte que no debo ser ignorante de sus maquinaciones (2 Co. 2:11), he permitido que me llevara al vacío de
la depresión y del desánimo. Sé que me has dado el don
de la vida por una razón, y no tengo derecho a decidir
cuándo debe acabar mi tiempo.

Tu Palabra declara que tienes planes para mí, pensamientos de paz y no de mal para darme el fin que espero
(Jer. 29:11). Señor, quiero creer esto; ayuda mi increduli-
dad (Mr. 9:24). Escucha mi clamor porque estoy muy afli-
gido. Saca mi alma de la cárcel para que alabe tu nombre
(Sal. 142:6-7).

Ayúdame a alejar cualquier pensamiento que me haga
recordar sucesos negativos del pasado que me mantengan
atado emocionalmente. Estoy decidido a vencer por la
sangre de Jesús y las palabras de mi testimonio (Ap. 7:14).
Por lo tanto, decreto por fe que estoy libre de los pensamientos de suicidio. El Hijo me ha liberado, y soy libre
verdaderamente (Jn. 8:36). En el nombre de Jesús. Amén.

Las presiones de la vida me abruman

✝ Señor, me invaden las preocupaciones. Parece como si cada día surgieran nuevos problemas. Estoy fatigado de gemir y no encuentro descanso (Jer. 45:3). Desde el cabo de la tierra, clamaré a ti, cuando mi corazón desmayare, llévame a la roca que es más alta que yo. Porque Tú eres mi refugio y mi torre alta delante del enemigo (Sal. 61:2-3). Parece como si el peso del mundo cayera sobre mis espaldas. Sé que esa no es tu voluntad. Enséñame a echar toda mi ansiedad sobre ti, porque Tú tienes cuidado de mí (1 P. 5:7). Dame el valor para cambiar las cosas que puedo cambiar, la gracia para aceptar las cosas que no puedo cambiar y la sabiduría para reconocer la diferencia entre ambas.

Déjame traer gloria a tu nombre haciendo *sólo* las cosas que Tú me has dicho que haga (Jn. 17:4) en lugar de correr en todas direcciones atendiendo los deseos y las demandas de los demás. Cuando la aflicción y la angustia se apoderen de mí, permite que tus pensamientos sean mi delicia (Sal. 119:143).

Señor, no permitas que estar demasiado ocupado me impida tener momentos de recogimiento contigo. Enséñame a estar quieto y a conocer que Tú eres Dios (Sal. 46:10). Gracias por ser mi refugio, mi pronto auxilio en las tribulaciones (Sal. 46:1). En el nombre de Jesús. Amén.

Estoy a punto de estallar de ira

✚ Señor, Tú me diste la emoción de la ira con un propósito justo; por lo tanto, sé que *airarme* no es malo. Sin embargo, en tu Palabra adviertes que no debería pecar dejando que la ira me controle, porque al hacerlo, le doy lugar a Satanás en mi vida (Ef. 4:26-27).

Ayúdame a dejar de estar enojado y a darle la espalda a mi rabia ahora mismo porque solo puede conducirme a herir física y emocionalmente a otros y a mí mismo (Sal. 37:8). Enséñame a liberar mi ira ante ti en oración. Ayúdame a recordar que Tú eres el vengador de todos los males perpetrados contra mí (Ro. 12:19). Por lo tanto, no tengo que devolver mal por mal, no quiero responder de una forma que te deshonre y destruya mi testimonio cristiano. Tu Palabra dice que solo el necio da rienda suelta a toda su ira, mas el sabio al fin la sosiega (Pr. 29:11).

Cambia mi corazón, oh, Dios mío. Ayúdame a ser más paciente y tolerante. Enséñame a manejar situaciones difíciles con tacto y sabiduría. Por encima de todo, capacítame para demostrar la clase de amor que cubre una multitud de pecados, mira más allá de los fallos y ve las necesidades reales de los demás (1 P. 4:8). Gracias por la victoria sobre mi ira destructiva. En el nombre de Jesús. Amén.

El espíritu de la cobardía ataca mi mente

✚ Querido Señor, el espíritu de la cobardía ha venido a tomar posesión de mí. Tu Palabra me asegura que no viene de parte tuya (2 Ti. 1:7). Sé que cuando busco tu rostro, me escuchas y me libras de todos mis temores (Sal. 34:4). Por lo tanto, desecho cualquier pensamiento de ansiedad que se levanta contra lo que sé de ti y tu poder (2 Co. 10:5). Confío en tu promesa de que nunca me desampararás ni me dejarás (Heb. 13:5).

Descanso en la verdad de que nada es demasiado difícil para ti (Jer. 32:27). Tienes el control completo sobre esta situación. Gracias por hacer que todas las cosas funcionen para mi bien conforme a tu divino plan y propósito (Ro. 8:28). Me regocijo al saber que ya has enviado a tus ángeles para que me guarden en todos mis caminos (Sal. 91:11). Resisto al espíritu de la cobardía y le ordeno que se vaya (Stg. 4:7). Por fe decreto que tu paz, que sobrepasa mi entendimiento, guardará mi corazón y mis pensamientos (Fil. 4:7). Por lo tanto, no dejaré que mi corazón se turbe ni tenga miedo (Jn. 14:27). En el nombre de Jesús. Amén.

Estoy deprimido

✝ Oh, Señor, mi alma se deshace de ansiedad. Necesito que me sustentes según tu Palabra (Sal. 119:28). Si esta depresión se debe a un desorden físico, te pido que me cures a través del milagro de una receta médica, unas vitaminas o unas hierbas adecuadas; porque Tú eres la fuente última de mi plenitud.

Señor, ayúdame a entender que, al igual que mi cuerpo, mi mente necesita ser alimentada para estar sana. Capacítame para resistir la comida basura de mi mente: la culpa, la amargura, la desesperanza, el perfeccionismo y los pensamientos negativos que me conducen a la depresión. Dame el deseo de alimentarme con tu Palabra y centrarme en las cosas que son verdaderas, honestas, justas, puras, amables, todo lo que es de buen nombre (Fil. 4:8). Ayúdame a pasar más tiempo contigo porque en tu presencia hay plenitud de gozo (Sal. 16:11). Sí, Señor, tu gozo es mi fuerza (Neh. 8:10).

Este es el día que Tú hiciste, me gozaré y alegraré en él (Sal. 118:24). Ayúdame a empezar a centrarme en los planes que tienes para mí, planes de paz y no de mal (Jer. 29:11). Con la ayuda del Espíritu Santo, te ofreceré continuamente un sacrificio de alabanza proclamando la gloria de tu nombre (Heb. 13:15). Gracias por ungirme en este momento con el óleo de la alegría (Heb. 1:9). En el nombre de Jesús. Amén.

Me siento insoportablemente solo

✚ Padre, me siento solo, excluido y alejado de toda relación significativa. Sé que Tú siempre estás conmigo, y que nunca me desampararás ni me dejarás (Heb. 13:5). No obstante, me creaste para ser un ser social, que necesita relacionarse con otras personas. Sé que vivir aislado va en contra de tu voluntad y propósito para la humanidad (Gn. 2:18).

Por favor, ayúdame a reconocer y abandonar cualquier comportamiento negativo que provoque que otros no me acepten; cosas como ser crítico, discutir o ser vengativo. Dame lengua de sabio para que hable con propiedad a los demás. Abre también mis oídos para escuchar con auténtico interés (Is. 50:4). Dame deseo de utilizar mis dones espirituales y naturales, únicos y especiales para servir y mejorar la calidad de vida de los demás.

Tu Palabra dice que si quiero amigos, debo mostrarme amistoso (Pr. 18:24). Ayúdame a tomar la iniciativa para acercarme a personas positivas y de confianza, con las que pueda entablar una relación de camaradería. Enséñame a aceptar su amor, generosidad y apoyo. Ayúdame a entender la importancia de cuidar mis relaciones y a no acercarme a los amigos solo cuando me resulta conveniente. Por encima de todo, permíteme experimentar el consuelo de tu Espíritu Santo. En el nombre de Jesús. Amén.

Necesito ser sanado del abuso sexual infantil

Señor, sabes la angustia que he padecido por haber sufrido abusos sexuales. Entiendo que no debo culparme por la mala elección que el agresor realizó al abusar de mí, ni quiero tampoco seguir centrándome en las personas que deberían haberme protegido y no lo hicieron. Estoy preparado para permitirte que rompas las cadenas emocionales e incluso las físicas de este abuso. Oh, Señor, saca mi alma —mi mente, mi voluntad y mis emociones— de la cárcel para que alabe tu nombre (Sal. 142:7).

Asumo la autoridad sobre los recuerdos constantes de ese abuso. Decreto que están muertos; no deben vivir, porque Tú castigaste, destruiste y deshiciste todo su recuerdo (Is. 26:14). Ya no seguirán dictando mis actitudes o mis acciones hacia el sexo contrario. Perdono a todos los que estuvieron relacionados con ese abuso. Te pido que los castigues por sus malas acciones y salves sus almas.

Utiliza mi liberación para liberar a otros que también han sufrido lo mismo que yo cuando dé testimonio de tu poder para sanar a los quebrantados de corazón y vendar sus heridas (Sal. 147:3). En el nombre de Jesús. Amén.

Me consume la envidia

✚ Señor, Tú deseas que sea honesto de corazón (Sal.
51:6) y confiese mis pecados para que puedas limpiarme de toda maldad (1 Jn. 1:9). Confieso que he
permitido que la envidia se haga fuerte en mi vida. Me he
alejado de ciertas personas y me he sentido mal respecto a
ellas por ser más atractivas físicamente, tener mejor posi-
ción financiera, social o profesional, ser más inteligentes,
tener una casa mejor o cualquier otra ventaja. Reconozco
que estos sentimientos están basados en la disconformi-
dad y la frustración con mi actual experiencia en esas
áreas de la vida en las que envidio a otros. Por supuesto
que me doy cuenta de que hay aspectos de mi vida que
pueden causar envidia en otros. Dame la humildad y la
sabiduría para no inspirar envidia por hacer alarde u os-
tentación de mis ventajas.

Tu Palabra dice que la envidia es carcoma de los huesos
(Pr. 14:30); erosiona el fundamento mismo de nuestra
existencia. Ayúdame a alejar de mí la envidia porque
donde hay celos y contención, allí hay perturbación y toda
obra perversa (Stg. 3:16). Déjame utilizar la tentación de
la envidia como motivación para hacer los cambios necesarios en mi vida. Por encima de todo, dame la gracia
y la sabiduría para aceptar tu plan soberano para mi
vida y contentarme con las cosas, porque gran ganancia
es la verdad si va acompañada de contentamiento (1 Ti.
6:6). Decreto que la gratitud será mi actitud diaria. En el
nombre de Jesús. Amén.

Los celos siguen mostrando su rostro

✚ Señor, me preocupa ser desplazado en mi profesión, en la sociedad o respecto a una relación en especial.

Sé que mis sentimientos están basados en el temor. Recuerdo que Tú no me has dado espíritu de cobardía, sino de poder, de amor y de dominio propio (2 Ti. 1:7). Por lo tanto, resisto esta intrusión no deseada de Satanás y le ordeno irse. Padre, ayúdame a comprender la verdad. Cualquiera que sea la porción de mi herencia y de mi copa, Tú sustentas mi suerte (Sal. 16:5).

Enséñame a entregarte mis temores y a evitar agobiar o controlar a otros porque no quiero perder su afecto. Ayúdame a empezar a disfrutar de las distintas relaciones sin competir por la atención o la superioridad en ningún aspecto, o temer que alguien sea más estimado que yo.

Reclamo tu Palabra que dice que te buscaré, y Tú me escucharás y me librarás de mis temores (Sal. 34:4). Estoy preparado para dejar de vivir con la ansiedad de no sentirme adecuado. Haz que abrace la soberana verdad de que no soy competente por mí mismo para pensar algo como de mí mismo, sino que mi competencia proviene de Dios (2 Co. 3:5). Ayúdame a reconocer y apreciar los tesoros que has depositado en mí para que pueda llegar a cualquier relación con un sano sentido de mi propia valía. En el nombre de Jesús. Amén.

La culpabilidad me atormenta

Oh, Dios, a pesar de que me arrepiento y lamento sinceramente mis acciones, la culpabilidad de mi pecado continúa atormentándome. Es una carga demasiado pesada para seguir soportándola (Sal. 38:4).

Tu Palabra declara que estás dispuesto a perdonar y que tienes gran misericordia para los que te invocan (Sal. 86:5). El problema es que tengo dificultades para librarme de los remordimientos por mi pecado. Ayúdame a comprender la verdad de que cuando confieso mi pecado, eres fiel y justo para perdonarme y limpiarme de toda maldad (1 Jn. 1:9). Por el poder de tu Espíritu, no dejaré que los pensamientos de culpabilidad destruyan mi paz nunca más. Confío en tu declaración: cuanto está lejos el oriente del occidente, así haces alejar de mí mis rebeliones (Sal. 103:12).

Gracias, Padre, por echar en el fondo del mar mi pecado (Mi. 7:19) para no acordarte nunca más de él (Heb. 10:17). Y como Tú no lo recuerdas, ayúdame a dejar de hacerlo. Decreto que en este momento soy perdonado por medio de la sangre que Jesús derramó por mí en el Calvario. En el nombre de Jesús. Amén.

Líbrame de la pornografía

✝ Padre, sufro una crisis emocional y espiritual porque he abierto la puerta a Satanás y dejado que se haga fuerte en mi vida. Me doy cuenta de que cometo adulterio en mi corazón cada vez que miro a una mujer con lujuria (Mt. 5:28). Te pido que tengas misericordia de mí porque tu amor es inmenso. Borra mis rebeliones, lava mi maldad y límpiame de pecado (Sal. 51:1-2).

Ayúdame a dejar de hacer acopio de cosas que provean para los deseos de la carne como ver películas en el cine, en la televisión o a través de Internet, revistas para adultos o cualquier otro medio (Ro. 13:14). Me arrepiento y te pido liberación en este momento.

Muéstrame la necesidad emocional que realmente estoy tratando de cubrir al hacer esto. Dame el valor, la sabiduría y la fortaleza para enfrentarme a ello de forma que te honre. Quiero seguir el ejemplo de Job que hizo pacto con sus ojos para no mirar a una mujer con lujuria (Job 31:1). No puedo hacer esto por mí mismo así que lléname de tu Espíritu. Haz que sienta un deseo de ti que trascienda y elimine cualquier pensamiento de lujuria. En el nombre de Jesús. Amén.

Lucho contra la adicción al sexo

✚ Padre, mi espíritu está deseando obedecerte, pero mi carne es débil en lo que respecta a la adicción sexual (Mt. 26:41). Tú conoces las razones biológicas, psicológicas o espirituales de esta compulsión. Llena los espacios vacíos de mis emociones y ayúdame a enfrentarme a las presiones de una forma que te honre.

Tu Palabra dice que si confieso mi pecado, Tú serás fiel y justo para perdonarme y limpiarme de toda maldad (1 Jn. 1:9). Me doy cuenta de que no he podido mantenerme firme ante ti después de que limpiaste mi pecado. Perdóname, Señor, por pecar contra ti y contra mi propio cuerpo (1 Co. 6:18). Sinceramente quiero salir de este ciclo de arrepentimiento y recaída.

Ayúdame a darme cuenta de que no puedo superar esta adicción solo con mi fuerza de voluntad. Reconozco que no puedo hacer nada sin ti y sin la ayuda de los demás. Por favor, condúceme hacia un buen consejero o grupo que me ayude a centrarme en ti y a dar cuentas de mis actos.

Por fe decreto que este pecado no reinará en mi cuerpo obligándome a obedecer sus deseos. Mi cuerpo no será instrumento de iniquidad sino de justicia para Dios. Por lo tanto, este pecado no se enseñoreará de mí (Ro. 6:12-14). En el nombre de Jesús. Amén.

Estoy atrapado en un ciclo de masturbación

✝ Padre, he caído en el hábito de satisfacer mi deseo sexual fuera del matrimonio. Sé que cuando utilizo algo que Tú creaste de forma contraria a tu propósito, entro en el terreno del abuso. Perdóname por utilizar de forma inadecuada mis órganos sexuales. Me doy cuenta de que si continúo haciendo esto, la masturbación puede acabar convirtiéndose en una adicción. Además, como me centro solo en darme placer a *mí*, me estoy entrenando para ser egoísta en el sexo marital. Por lo tanto, te pido que ordenes mis pasos con tu Palabra y no dejes que este comportamiento me domine (Sal. 119:133).

Sé que fantasear, la pornografía, los libros, las revistas, las series de televisión y muchos otros estímulos aumentan mi deseo de masturbarme. Dame la fortaleza para cerrar de golpe toda puerta a este comportamiento. Ayúdame a no poner delante de mis ojos cosa injusta (Sal. 101:3). Saca a la luz esas emociones negativas que estoy intentando apaciguar al masturbarme y enséñame a enfrentarme a ellas de una forma que te honre.

Me doy cuenta de que mi órgano sexual más importante es mi mente, porque mis pensamientos controlan la excitación sexual. Así que, en este mismo momento, someto mi mente al Espíritu Santo para que produzca en mí el fruto del dominio propio (Gá. 5:22-23). Padre, haz que el mero pensamiento de la masturbación me produzca rechazo. Te doy las gracias por renovar mi entendimiento (Ro. 12:2). En el nombre de Jesús. Amén.

Estoy atrapado por la pena

✚ Señor, me doy cuenta de que a estas alturas mi pena por la muerte de _____ debería haberse reducido hasta cierto punto. Está claro que no he llegado a aceptar tu voluntad en su muerte. Ayúdame a saber que la extensión de la vida de _____ ya había sido predeterminada por ti (Sal. 139:16) y que yo no puedo hacer nada para influir en eso o cambiarlo. No quiero sufrir por esta pena como hacen los que no tienen esperanza porque creo que volveré a verlo/la de nuevo (1 Ts. 4:13).

Ayúdame, Señor, no puedo romper estas cadenas de sufrimiento yo solo. Tu Palabra dice que el amigo ama en todo tiempo y es como un hermano en tiempo de angustia (Pr. 17:17); por lo tanto, te pido que me conduzcas hacia una persona, consejero o grupo de apoyo que pueda ayudarme a identificar la necesidad insatisfecha o el asunto inacabado que me lleva a aferrarme a esta pena.

Por el poder que me has dado como creyente, asumo la autoridad sobre este espíritu de pena. Decreto que la paz de Dios, que sobrepasa todo entendimiento, guarda mi corazón y mi pensamiento en Cristo Jesús (Fil. 4:7). Por tu gracia continuaré atesorando el recuerdo de _____, pero seguiré adelante cumpliendo con el propósito y destino divinos. En el nombre de Jesús. Amén.

□

Necesito liberación de la nicotina, el alcohol o las drogas

✚ Ya es hora de que mortifique las obras de la carne para poder vivir (Ro. 8:13). Estoy cansado de los problemas físicos y psicológicos que conlleva mi adicción. Admito que no tengo fuerzas por mí mismo. Me doy cuenta de que solo Tú eres mi esperanza y que sin ti nada puedo hacer (Jn. 15:5). Me comprometo en este momento a entregarte mi voluntad.

Capacítame no solo para decir no a la tentación de Satanás, sino también para decir un sí más fuerte a ti y a tu plan para mi vida. No me eches de delante de ti y no quites de mí tu Santo Espíritu (Sal. 51:11) porque donde está tu Espíritu hay libertad (2 Co. 3:17). Señor, Tú sabes cuál es el vacío que estoy intentando llenar con esta sustancia. Por favor, no dejes que me domine (Pr. 23:2). Quítame este deseo y ayúdame a resistir esta adicción.

Enséñame a caminar victorioso día a día y no a pensar que puedo resolver este problema de golpe. Sé que si el Hijo me libera, realmente seré libre (Jn. 8:36). Gracias por adelantado por hacer de mí más que un vencedor (Ro. 8:37). En el nombre de Jesús. Amén.

Mi confusión mental es alarmante

✝ Señor, cada día que pasa parece que me vuelvo más olvidadizo y experimento una confusión mental completa. Me niego a conformarme, como hace todo el mundo, con creer que el declive mental forma parte natural de hacerse mayor, porque yo he sido transformado por la renovación de mi entendimiento (Ro. 12:2). Tengo la mente de Cristo (1 Co. 2:16).

Ayúdame a dejar de hacer demasiadas cosas a la vez, de sobrecargar mis horarios, de no planear u otros comportamientos que hacen que mi mente esté sobrecargada y no se centre en la tarea que realiza en cada momento. Ayúdame a encomendarte mis obras para que mis pensamientos sean afirmados (Pr. 16:3). Dame la disciplina de hacer ejercicio, de descansar adecuadamente, beber mucha agua y elegir comida que me ayude a mejorar mi agudeza mental. Finalmente, ayúdame a recordar que meditar en tu Palabra me hace sabio e incrementa mi entendimiento (Sal. 119:97-100).

Gracias, Padre, porque no tengo que andar con el espíritu de temor de un declive mental, puesto que Tú me has dado el espíritu de poder, de amor y de dominio propio (2 Ti. 1:7). Descanso en tu promesa de que el Espíritu Santo me enseñará todas las cosas y hará que lo recuerde todo cuando sea necesario (Jn. 14:26). En el nombre de Jesús. Amén.

Parte 9

Oraciones para la iglesia, el país y otras crisis

El desacuerdo está destruyendo nuestra iglesia

✚ Oh, Señor, un espíritu malvado ha entrado en nuestra iglesia para destruir su unión. Qué bueno sería habitar los hermanos juntos en armonía, porque allí envías bendición y vida eterna (Sal. 133:1, 3). Ayúdanos a comprender que las luchas internas son una táctica de Satanás para obstaculizar nuestras oraciones, no dejar que nos centremos en las almas perdidas y hacer que seamos ejemplos ineficaces como cristianos.

Enséñanos a respetar y apreciar los talentos, las perspectivas y las posiciones de los demás en lugar de envidiarlos. Donde hay envidia y problemas, hay perturbación y toda obra perversa (Stg. 3:16). Enséñanos a mostrar nuestro desacuerdo sin resultar desagradables. Permite que caminemos siendo dignos de la vocación para la que fuimos llamados, con humildad y mansedumbre, soportándonos con paciencia unos a otros en amor, solícitos en guardar la unidad del Espíritu en el vínculo de la paz (Ef. 4:1-4).

Por la autoridad que me has concedido como creyente, ato los egos, el orgullo, la ambición vana, la envidia, los celos y todo espíritu perverso que trate de torcer tu obra. Libero el espíritu de unidad, amor y paciencia (Mt. 18:18). Confío en tu Palabra y declaro que esta es tu iglesia, y que las puertas del infierno no prevalecerán contra ella (Mt. 16:18). En el nombre de Jesús. Amén.

Hay misioneros en peligro

Señor, gracias por la decisión desinteresada de estos misioneros de arriesgar sus vidas y extender el evangelio. Confío en tu promesa de que nunca los desampararás ni los dejarás (Heb. 13:5). Deja que tu paz, que sobrepasa todo entendimiento, guarde sus corazones y sus pensamientos durante la crisis (Fil. 4:7).

Tu Palabra declara que tus ojos contemplan toda la tierra para mostrar tu poder para con los que tienen un corazón perfecto para contigo (2 Cr. 16:9). Muéstrate fuerte a favor de estos siervos tan comprometidos, Padre. Tú eres el Dios de toda carne, y no hay nada que sea difícil para ti (Jer. 32:27).

Asumo la autoridad sobre cualquier fuerza opositora que se interponga en su obra. Recuerdo que Satanás es un enemigo vencido, porque les has dado a tus siervos poder para hollar serpientes y escorpiones, y sobre toda fuerza del enemigo; y nadie los dañará en modo alguno (Lc. 10:19).

Oro para que su determinación sea fuerte, y su fe, inamovible. Que lo que el enemigo idee para mal se torne en bien. Sé y declaro que todas las cosas les ayudan a bien a estos misioneros, porque te aman y han sido llamados conforme a tu propósito (Ro. 8:28). En el nombre de Jesús. Amén.

Mi iglesia necesita ayuda financiera urgente

✚ Señor, mi iglesia necesita ayuda financiera para cumplir con tu mandato. Sé que suplirás todo lo que haga falta conforme a tus riquezas en gloria (Fil. 4:19). Nunca das a ninguna persona u organización una responsabilidad sin darles a la vez la habilidad para responder. Cuando comienzas una buena obra, eres fiel en completarla (Fil. 1:6). Te pido que toques los corazones de personas generosas y obedientes, y les des la carga de financiar esta obra.

Ayuda a los líderes y a los responsables financieros de este ministerio para que sean buenos administradores de los recursos que les has encomendado. Haz que actúen con integridad en todos los niveles de organización y que no dejen abierta ninguna puerta a Satanás para que se introduzca en sus asuntos. Si alguna incompetencia o fallo por parte de este ministerio ha causado este déficit económico, haz que los líderes lo reconozcan y hagan las correcciones necesarias sin dilación alguna.

Tu Palabra dice que todo lo que ate en la tierra quedará atado en el cielo, y todo lo que desate en la tierra será desatado en el cielo (Mt. 18:18). Por lo tanto, ato cualquier impedimento, división, estancamiento o falta de apoyo que llegue a este ministerio para hacer descarrilar sus esfuerzos. Desato el espíritu de la generosidad y decreto que todo plan, programa y proyecto que hayas inspirado dé fruto en el momento debido. En el nombre de Jesús. Amén.

Mi pastor ha pecado

✚ Señor, el pastor _____ ha pecado contra ti y contra la congregación. Como ha confesado su pecado, Tú prometiste ser fiel y justo para perdonar sus pecados y limpiarlo de toda maldad (1 Jn. 1:9). Oro que des al gobierno de la iglesia el valor para imponer sanciones adecuadas, como la consejería, un tiempo alejado del ministerio y otras medidas de seguimiento. Ayuda al pastor _____ a darse cuenta plenamente de que él, al igual que la congregación, debe vestirse con tu armadura para poder mantenerse firme ante las estrategias y las asechanzas del diablo (Ef. 6:11).

Padre, por favor, no permitas que nadie de nuestra congregación o de afuera saque como conclusión del comportamiento del pastor _____ que todos los cristianos son unos hipócritas y que se disfrazan como ministros de justicia (2 Co. 11:15). Deja que la iglesia continúe su obra. No permitas que nadie se desilusione y regrese al mundo por culpa de este incidente. Más bien, haz que todo el mundo entienda que todos podemos caer en la tentación si no guardamos tu Palabra en nuestros corazones (Sal. 119:11) y meditamos en ella de día y de noche (Jos. 1:8). Permite que el orgullo, la falta de oración y las prioridades mal entendidas se alejen del pastor _____ desde este momento en adelante. En el nombre de Jesús. Amén.

Señor, protege a nuestras tropas

Padre, tu dijiste que en los últimos días habría guerras y rumores de guerra porque se levantará nación contra nación, y reino contra reino (Mt. 24:6-7). Pido una barrera de protección para todos los que han sido enviados a zonas de guerra para hacer del mundo un lugar mejor. Permite que todos ellos se tomen algún tiempo para pensar en su destino eterno y encuentren la paz en una relación personal contigo. También oro por la paz, la provisión y la protección de sus familias. Reconforta y anima a las tropas en sus horas de soledad como solo Tú puedes hacer porque eres el Dios de toda consolación (2 Co. 1:3).

Deja que los soldados cristianos extiendan con rapidez su fe entre aquellos que no han aceptado a Jesús como su Señor y Salvador. Oro para que el compromiso espiritual de los que reciban a Cristo durante esta crisis sea genuino y dure toda su vida.

Muéstrate fuerte por ellos cada día (2 Cr. 16:9). Manda a tus ángeles cerca de las unidades militares y haz que guarden a las tropas en todos sus caminos (Sal. 91:11). Haz que termine la guerra, Padre, y que las tropas regresen a casa.

Oro para que extiendas tu misericordia y paz hacia los ciudadanos que residen en las zonas destrozadas por el conflicto. Ve con ellos y permíteles encontrar refugio en ti. En el nombre de Jesús. Amén.

Nuestra nación está en crisis

✚ Señor, nuestra nación está en crisis, sin embargo Tú nos has mostrado una salida. Dijiste que si se humillara tu pueblo, sobre el cual tu nombre es invocado, y oraran, y buscaran tu rostro y se convirtieran de sus malos caminos, entonces Tú oirías desde los cielos, y perdonarías sus pecados y sanarías su tierra (2 Cr. 7:14). Padre, oro en este momento para que levantes un ejército de fieles guerreros de oración que intercedan por este país para que no permitas que nuestros enemigos, los desastres naturales u otros peligros nos destruyan (Ez. 22:30-31).

Tu Palabra declara que bienaventurada es la nación cuyo Dios es el Señor (Sal. 33:12). Déjanos, como país, coronarte como Rey y Señor de nuestras vidas. Que nuestros corazones se vuelvan a ti. Perdona las leyes que hemos aprobado en contra de tu Palabra; leyes que tienen como norma favorecer la perversión sexual y otros pecados.

Libéranos del espíritu de ansiedad que inunda a las personas de este lugar. Tu Palabra dice que la justicia y la paz se besaron (Sal. 85:10); ayúdanos a comprender la conexión que hay entre estar a bien contigo y estar en paz. Padre, envíanos ahora un avivamiento espiritual.

Salva a nuestros líderes gubernamentales y haz que ellos busquen tu sabiduría en cada situación porque tus ojos están sobre los justos, y tus oídos atentos a sus oraciones (1 P. 3:12). En el nombre de Jesús. Amén.

Una persona inocente cumple condena

Padre, _____ está cumpliendo condena por un delito que no cometió. Al igual que enviaste una ángel para abrir las puertas de la cárcel a tus apóstoles que habían sido hechos prisioneros (Hch. 5:18-19), oro para que envíes un ángel legal que apele el caso de _____ y lo libre de esta injusticia. Permite que testigos creíbles acudan a refutar las acusaciones del fiscal; que _____ reciba el favor del jurado y el juez. Tu Palabra dice que detestas al que justifica al impío y condena al justo (Pr. 17:15). Sí, los que condenen al justo con su falso testimonio serán destruidos. Y los que empleen el falso testimonio para pervertir la justicia y contar mentiras para destruir al inocente serán acabados (Is. 29:21).

Padre, pon capellanes, obreros cristianos, reclusos y otras personas en el camino de _____ para que le ministren tu Palabra y hagan que mantenga la fe, porque esta es la certeza de lo que se espera y la convicción de lo que no se ve (Heb. 11:1). No dejes que se desanime por el lento proceso de apelación. Dale a su abogado sabiduría desde lo alto para que presente un caso irrefutable a favor de _____. Continúa recordándole a _____ que tienes planes para él/ella; planes de paz y no de mal, para darle el fin que espera (Jer. 29:11). En el nombre de Jesús. Amén.

Me preocupa que haya un ataque terrorista

✚ Padre, he visto la destrucción causada por los actos terroristas. Satanás quiere que viva con el temor de que un día mi familia o yo podamos ser víctimas de esa violencia sin sentido. Sé que no es voluntad tuya que vivamos preocupados porque tu Palabra dice que no debemos estar afanosos por nada (Fil. 4:6). Porque Tú eres mi refugio y mi fortaleza, decreto que no temeré al terror nocturno, ni pestilencia que ande en la oscuridad ni mortandad que en medio del día destruya. Caerán a mi lado mil, y diez mil a mi diestra, mas no llegarán a mí ni a mi familia estos males (Sal. 91:2, 5-7).

Padre, oro para que los líderes de este país busquen tu rostro para llevar a cabo su política internacional que no inspire odio, que sea justa, razonable y merecida. Dijiste que seríamos adornados con justicia; que estaríamos lejos de la opresión para que no temamos, y del miedo para que este no se acerque a nosotros (Is. 54:14).

Como intercesor fiel, seguiré en la brecha por mi país pidiéndote que frustres cualquier plan de los terroristas. Haz que los ciudadanos de las naciones se vuelvan hacia ti y dejen de vivir con ansiedad. Ayúdanos a experimentar la paz que sobrepasa nuestro entendimiento y guarda nuestros corazones y pensamientos (Fil. 4:7). En el nombre de Jesús. Amén.

Gracias a Dios por la victoria

Padre, quiero darte las gracias por tu amor y fidelidad para conmigo. Siempre has sido mi fortaleza. Eres el escudo alrededor de mí, mi gloria y el que levanta mi cabeza (Sal. 3:3). Has escuchado todas mis peticiones, has visto mis lágrimas y has respondido conforme a tu divino propósito. Respeto tu gran poder.

No tengo palabras adecuadas para expresar la profundidad de mi gratitud hacia ti y todo lo que has hecho por mí para protegerme, reconfortarme, capacitarme y adoptarme en tu familia. Elevo hacia ti las palabras de María, la madre de tu amado Hijo Jesús:

"Porque me ha hecho grandes cosas el Poderoso; Santo es su nombre, y su misericordia es de generación en generación a los que le temen. Hizo proezas con su brazo; esparció a los soberbios en el pensamiento de sus corazones. Quitó de los tronos a los poderosos, y exaltó a los humildes. A los hambrientos colmó de bienes, y a los ricos envió vacíos" (Lc. 1:49-53).

Gracias, Padre, por no faltar nunca a tu Palabra. Ha sido mi ancla en medio de la tormenta. Te estoy eternamente agradecido por tu bondad y tus maravillosas obras. Exalto tu nombre por encima de cualquier otro sobre la tierra. En el nombre de Jesús. ¡Amén!

Epílogo

Espero que las oraciones para momentos de crisis que hay en este libro te hayan proporcionado un modelo para orar y declarar la Palabra de Dios en medio de cualquier problema, prueba o tentación. El famoso evangelista, R. A. Torrey, dijo una vez que los grandes secretos de la oración que prevalece eran estudiar la Palabra para saber cuál es la voluntad de Dios revelada en las promesas, y después simplemente tomar estas promesas y extenderlas ante Él en oración con la esperanza inamovible de que hará lo que prometió en su Palabra.

Dios está listo ahora para mostrarse a sí mismo fuerte en las crisis. No necesita que vengas a Él tras un largo discurso teológico; todo lo que desea es un corazón puro que confíe y crea en su Palabra. A veces, un sencillo: "¡Ayúdame, Dios mío!" es todo lo que se necesita.

El Señor espera que nos "llenemos de oración" y estemos preparados para las inevitables crisis de la vida. Es una necedad esperar hasta que el problema aparece en nuestra puerta para comenzar esta disciplina espiritual indispensable. Vive piadosamente, ora sin cesar y deja los resultados a Dios. La oración eficaz del justo puede mucho (Stg. 5:16).

Amigo mío, no toleres la falta de oración en tu vida. No permitas que el estrés del progreso dicte cuánto tiempo tienes que pasar arrodillado a los pies de tu Salvador. Sí, puedes orar mientras haces otras cosas; no obstante, para tener una auténtica intimidad con el Padre, debes integrar en tus oraciones la adoración centrada, escuchar y tomar nota. La adoración es —y requiere— la total preocupación por el objeto de tu afecto. La adoración eficaz se realiza en soledad. "Mas tú, cuando ores, entra en tu aposento, y cerrada la puerta, ora a tu Padre que está en secreto; y tu Padre que ve en lo secreto te recompensará en público" (Mt. 6:6).

Entra en un ciclo de oración continuada y mantente en él. Utiliza la tabla de la página 142 para controlar la cantidad de tiempo que pasas orando en soledad durante un año. Espero que el Señor quede complacido con tu constancia. También puedes considerar la idea de hacer que un amigo de confianza o un mentor se una a ti en este proyecto para realizar un mutuo seguimiento y alentarse uno a otro.

Déjame animarte una vez más, como hice en el prólogo, a pensar en el verso del popular himno de Joseph M. Scriven "¡Oh, qué amigo nos es Cristo!":

> ¿Estás débil y cargado
> De cuidados y temor?
> A Jesús refugio eterno,
> Muéstraselo en oración.
> ¿Te desprecian tus amigos?
> Muéstraselo en oración.
> En sus brazos de amor tierno
> Paz tendrá tu corazón.

La diferencia

Me levanté temprano una mañana
y me apresuré a comenzar el día.
Tenía tanto que realizar que no
tuve tiempo para orar.

Los problemas me cayeron encima,
y la carga se hizo pesada.
¿Por qué no me ayuda Dios?, pensé,
y Él me dijo: "Pero tú no me lo pediste".

Deseaba ver belleza y alegría,
mas el día se tornó oscuro y frío.
Pensé: ¿Por qué Dios no me mostró
lo que yo esperaba?
Él me contestó: "Porque tú no me buscaste".

Traté de llegar ante la presencia de Dios
y probé todas mis llaves en la cerradura.
Dios, gentil y suavemente exclamó:
"¿Por qué no tocaste a la puerta?".

Me desperté temprano esta mañana
y me detuve antes de comenzar el día.
Tenía tanto que realizar,
que tuve que sacar tiempo para orar.

Grace L. Naessens
(utilizado con permiso)

Registro diario de oraciones

Indica la cantidad de minutos que pasas en soledad orando cada día.

	Ene	Feb	Mar	Abr	May	Jun	Jul	Ago	Sep	Oct	Nov	Dic
1												
2												
3												
4												
5												
6												
7												
8												
9												
10												
11												
12												
13												
14												
15												
16												
17												
18												
19												
20												
21												
22												
23												
24												
25												
26												
27												
28												
29												
30		▉										
31		▉		▉		▉			▉		▉	

Consejera certificada en comportamiento, Deborah Smith Pegues ha preparado tres devocionarios de treinta días para ayudar al lector a controlar su lengua, su estrés y sus finanzas. Los tres títulos contienen historias cortas, anécdotas, preguntas profundas y afirmaciones basadas en la Biblia para hacer de cada libro un acontecimiento transformador de su vida.

ISBN: 978-0-8254-1601-9 (Lengua)
ISBN: 978-0-8254-1602-6 (Finanzas)
ISBN: 978-0-8254-1604-0 (Estrés)

De la pluma de Deborah Pegues, autora del éxito de ventas *Controla tu lengua en 30 días*, surge una poderosa guía para superar los miedos profundos que privan a hombres y a mujeres de la plenitud de la vida. Utiliza ejemplos bíblicos y modernos para ayudarte a reconocer y a superar las múltiples caras de la inseguridad.

ISBN: 978-0-8254-1600-2